宿澤広朗 運を支配した男

加藤 仁

講談社+α文庫
プラスアルファ

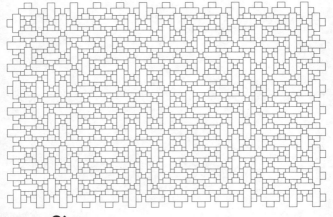

ラグビー日本代表に選出された際、早大ラグビー部寮前で記念撮影
…………【1971年】

幼少期の宿澤少年と
父・広輝氏

早大ラグビー部の同期と

新日鐵釜石を破ってラグビー日本一に
…………[1971年]

（中：日刊スポーツ　下：スポーツニッポン）

ディーラーとしても頭角を現したロンドン時代
………[1977〜1985年]

歴史的なスコットランド戦勝利のあと、キャプテン・平尾と握手………［1989年］

（スポーツニッポン）

日本代表監督として、
ワールドカップ直前
合宿に臨む
………[1991年、菅平]

大塚駅前支店長として「地上戦」を戦う…………[1994年]

（上：共同通信　下：山之上雅信）

愛犬と自宅でリラックス

大阪本店に転勤する際、部長室で記念撮影………………［2004年］

2006年6月17日、逝去。
葬儀には多くの会葬者が詰めかけた

（上：日刊スポーツ　下：産経新聞）

—宿澤広朗　運を支配した男—目次

本書は、二〇〇七年六月に小社より刊行された『宿澤広朗　運を支配した男』を文庫化したものです。文中の人物の肩書、団体の呼称などはすべて刊行当時のものです。

プロローグ

神々の嫉妬

我ら神より福祉（さいわい）を享（う）くるなれば災禍（わざわい）も亦（また）うけざるを得んや。

「旧約聖書―ヨブ記二章一〇節」

運命は神の考えるものだ。人間は人間らしく働けばそれで結構だ。

夏目漱石『虞美人草』

平成十八（二〇〇六）年六月二十一日、東京・築地本願寺本堂で営まれた通夜には二千人、翌日の告別式には四千人を超える人びとが参列した。その数だけでも「ラガー」として「銀行員」として宿澤広朗（昭和二十五年生まれ、享年五十五）が、いかに輝きを放つ存在であったかを端的に物語っていた。

祭壇には、畳ほどの大きさの三枚の遺影が掲げられている。中央にある写真は、スーツ姿でわずかに笑っている。これは「銀行員」としての顔であろう。むかって左隣はラグビーのジャージ姿、屈託なき「ラガー」としての顔である。右隣は青いワイシャツ姿で横をむき、白い歯をのぞかせて満面の笑みを浮かべている。これは普段着の「家庭人」としての顔のようである。

祭壇にはさらに、早稲田大学ラグビー部のスクラムハーフの証である背番号「9」をつけた、えんじと黒のジャージ、そして楕円形のボールも置かれている。

告別式の日、日本ラグビーフットボール協会・名誉会長の日比野弘（早稲田大学名誉教授）は「ラガー」としての金字塔の数々を弔辞に盛りこんだ。早稲田大学時代には社会人チームを破って二年連続「日本一」を成しとげたこと、社会人になってからもジャパン（日本代表）チームを率いる監督として強豪スコットランドとのテストマッチ（国代表同士の戦い）で歴史的な勝利をおさめたこと、さらにワールドカップでの初勝利、そして日本ラグビーの「オープン化」と「トップリーグの立ちあげ」などの改革を推進したこと……等々。

宿澤広朗より十六歳も年長で、師とも兄貴分ともいえるような存在であった日比野弘は遺影に語りかけるように告げる。

「二年連続日本一に輝いたあと、きみが早稲田学報に書いた『努力は運を支配する』という言葉を、私の生涯の座右の銘にしてきたことは、きみも承知のとおりです。私は後輩のきみからいろいろなことを学びました」

葬儀委員長をつとめた三井住友銀行頭取の奥正之は「銀行員」としての業績の数々を弔辞で紹介する。

昭和四十八（一九七三）年、住友銀行（現・三井住友銀行）に入行すると、新橋支店に配属され、四年八ヵ月後には国際金融業務の本場ロンドンに赴任し、外国為替のディーラーに転身した。昭和六十年五月に帰国し、その年九月のプラザ合意により急激な円高がすすむと、市場営業部門の資金為替部において「とにかく負けないディーリングスタイル」をつくりあげ、為替ディーラーとして頭角を現してきた。

「平成元年には、銀行の仕事と両立させるというあなたの強い意志のもとで、ラグビー日本代表監督に就任され、あなたのまばゆいばかりの活躍は、おなじ銀行に勤める私たちにとりまして大きな誇りでありました」

奥が弔辞で伝える「銀行員」としての業績は、それだけにとどまらない。

ジャパン監督の大任をはたした翌年には大塚駅前支店長となり、三年後の平成七年にはふたたび市場営業部門にもどった。

「バブル経済の崩壊で、市場金利の先ゆきの方向感覚が失われるなか、あなたは部門の統括部長として的確な判断とチームスピリットを発揮し、収益面でも銀行の屋台骨を支える多大な貢献をはたしてくれました。あなたは地位があがり、責任の範囲が広がるたびに大きく成長してこられました」

とりわけ平成十三（二〇〇一）年、ニューヨークのワールド・トレード・センタービルが破壊された「九・一一同時多発テロ」の直後には、陣頭指揮にあたり、ここ一番の危機管理につよい一面を見せた。このことは奥によると「〝ピンチをチャンス〟に一瞬にして変えてしまう冷徹さと俊敏さも示し、ラガーマンならではの守りと攻めの切りかえの判断力の凄さには正直私たちは舌を巻きました」という。

平成十二年、宿澤は四十九歳にして執行役員、十六年には常務執行役員として大阪本店営業本部長をつとめ、十八年四月に取締役専務執行役員として東京にもどり、それから二ヵ月半後に急逝した。

「外から見ると、あなたは精神的にも肉体的にも大変頑強な人物と思われていたでしょう。それだけにあなたは、個人的には、人知れぬ重圧を感じておられたのかもしれません。……この天が吹いた残酷なホイッスルについて、私は語る言葉を持ちあわせません」

「全力疾走しないと失速する」

宿澤広朗は「ラガー」として「銀行員」として、輝ける足跡を残した。では「家庭人」としては、どうであったか。

告別式で早稲田大学ラグビー部の部歌「北風」が歌われたあと、喪主の妻・洋子は、出棺に先だって参列者に挨拶をした。あらかじめ認(したた)めた文章を読みあげる弔辞とは異なり、胸中から溢れでる思いをその場で言葉に紡ぎだす。その言葉は、夫として父親として、宿澤の「家庭人」としての姿を彷彿とさせる。

洋子は、夫が亡くなった日（平成十八年六月十七日）のことから語りはじめた。

「土曜日の朝、いつものように、にっこり笑って〝いってきます〟と言って出かけました。その言葉が耳に焼きついていますし、その場面が頭のなかをめぐっています」

その日、宿澤は仲間たちと群馬県の赤城山の外輪山・鈴ヶ岳に登ることになっていた。山歩きは、二年前、大阪に単身赴任をしてから、みずから好んではじめたことであった。

《これから電車に乗る》

《歩きはじめま〜す》

《頂上で食べたトン汁がおいしかった》

大阪では週末ともなると、自身の山歩きを実況中継するかのように、一日に何度も、ときには写真も添えて、洋子の携帯電話にメールが送られてきた。

しかし当日は、昼に《弁当を食べた》というメールはなく、そのあと夫の携帯電話から届いたのは別人の〝声〟であった。「山頂で倒れられまして、いま前橋にある群馬大学の医学部附属病院に救急ヘリで運ばれています」ということであった。

「宿澤はいつも弱音を吐かず、我慢していたのですが、それを思うと胸が痛みます。振りかえると、いつも忙しいひとでした。月曜から金曜は銀行、週末は菅平（長野県上田市、各大学・クラブなどのラグビー練習場が多数ある）ということもありました。つい最近まで、なんの予定もない週末は数えるほどしかありませんでした。それでも、どんなときでも家に帰ると、必ず息子たちの部屋に入り、からかい、おしゃべりをしていました。テレビを見て、にこにこと笑っていました」

洋子は、しだいに涙声になっていく。その横に立つ医師の長男・孝太は無念さを表情に滲ませて遺影を抱き、東大大学院生の次男・悠介は白い花束を手にして嗚咽している。

「ラグビーにも、もちろん仕事にも、いつもしっかりと全力疾走で立ちむかい、形をつくってきました。〝いつも全力疾走をしていなければ、失速しそうな気がする〟ともらしたこともございました。この父親と息子たちがこれから男同士の会話をし、いろんなことを教えてもらおうと思っていた矢先のことです。……大好きな、自慢できる夫であり、父でありました。ラグビーでも、もっとしたかったことがあったかと思います。……無念です。しかし太く、短く生きて、このように大勢のみなさまに見送っていただけることは、幸せでございます」

そして挨拶をこう結ぶ。

「みなさま、どうか宿澤広朗を忘れないでください」

宿澤広朗は「家庭人」としても、家族が文句のつけようのない夫であり、父親であった。

古来日本では海にも山にも神々が宿るといわれてきたが、もしも職場にも、スポーツの戦いの場にも、家庭にも神がいるとすれば、そうした神々さえも自分たちの存在が不要と思えるほど、宿澤広朗はみごとに形を残して生きてきた男であり、それゆえに神々が嫉妬し、五十五歳という若さで死にいたらしめたのか……。告別式で多彩にして完璧ともいえる足跡にふれると、そのような気さえしてくる。

頭取・奥正之が弔辞で述べた「人知れぬ重圧」があったとすれば、それはどのような「重圧」であったのか。たしかにここ数年、新聞や雑誌が写真入りで報じる宿澤広朗の記事を見ると、その表情がしだいに険しくなっていったように思われてならない。あらためて取材に取りかかると、亡くなる二年ほど前から銀行ではいっそう重い任務をまかされていたし、ラグビー協会から思いもよらない仕打ちをうけていた事実も、しだいに明らかになってきた。そして葬儀ではこれほど多くの人に見送られながらも人間・宿澤広朗の孤高の素顔も浮かびあがってきた。

二年半にわたる真剣勝負

告別式から四日後の六月二十六日、松下電器産業の代表取締役副社長・川上徹也は「宿澤さんのこと」と題する一文を書いた。だれに執筆を依頼されたのでもない。出会ってまだ二年ほどのつきあいにすぎないのだが、濃密にして激しく、きびしくもある時間を共にすごしたビジネスの対戦相手であり、立場を超えた戦友でもあった。川上はどうしても宿澤広朗の〝墓誌〟を自分なりに刻まずにはいられなかったのである。

川上は、宿澤の通夜にも告別式にも参列した。「創造と破壊」という理念を打ちだして、松下電器の経営再建を図った前社長の中村邦夫にしても、仕事関係の葬儀は代表権をもつ故人にかぎって参列していたが、宿澤の葬儀には「私も出る」と言って、築地本願寺に駆けつけた。川上も中村も、宿澤には哀悼の意を捧げたかったのである。川上は祭壇に掲げられた宿澤の遺影を見た瞬間、その眼から涙を溢れさせた。

経理畑を歩いてきた川上が書いたその一文は、社内のコンピュータネットワークを通して、松下電器の経理担当者たちに配信された。いわゆる内部文書ではあるが、ここに紹介させてもらう。

《6月18日の新聞を見て「まさか」と思った。

「三井住友銀行　宿澤専務　心筋梗塞にて死去　55歳」

初めてゴルフを一緒に回ったときのこと、２８０ヤード位飛ぶので「学生時代スポーツをやっておられたのですか?」と尋ねると「ええ、ラグビーです」。側にいた友達に「川上さん、本当にこの人を知らないの？」と驚かれた。／早大のスクラムハーフで、日本選手権連覇。日本代表監督まで務めた人らしかった》

川上が宿澤とゴルフ場にいた時期を推測すると、宿澤が常務として大阪に転勤し、これから三井住友銀行 vs. 松下電器の難航しそうな交渉に入ろうとする平成十六年の夏であったと思われる。

《世界経済に明るく、彼が動くと相場が動くほどの為替の専門家でもあったが、大阪に赴任された大きなミッションの一つは、松下興産の対応であった》

その当時、松下電器の傘下にあって、松下興産は、本体の経営を揺るがすほどの巨額な融資をうけていた。しかし創業家が深くかかわり、松下グループにおいて、サラリーマン経営陣には手が出せない〝聖域〟にあると見られてきた会社である。その交渉と処理については後述するが、それは当時の三井住友銀行頭取の西川善文をして「とても難しいディール」と言わしめるものであった。西川の命をうけた宿澤は、中村邦夫の命をうけた川上と〝対決〟したのである。

その一端を川上はこう書く。

《三井住友銀行の代表としての彼と、本当に真剣勝負をした。とても凄まじい時間であったが、彼にはいつも爽やかさがあった。／そのパーソナリティのお蔭で、私もすべてをぶつけて戦えた。／お互いトップの決断のなかで、多くのことを巻き込みながら興産（引用者注・松下興産）の処理は、２年半の時間をかけて決着した》

そして川上は一文をこう締めくくる。

《彼がいなかったら、今の松下の姿はなかったかもしれない。／悔しくて、残念なお別れである》

最後の二年間、宿澤はこの松下案件だけでなく、いくつかの難問に取りくんでいた。そのなかには、財務基盤が脆弱なため外資ファンドなどから敵対的買収を仕掛けられた日本企業を救出するような案件もいくつかあった。

バブル経済崩壊後、銀行の〝氷河期〟にあっても、宿澤広朗は闘いつづけていた。

第一章

伝説の男

幸運は大胆に味方する。

エラスムス『痴愚神礼讃』

夏がおわり、ラグビーの季節が到来した。

宿澤広朗が逝って四ヵ月後の秋、私は東京・北青山にある秩父宮ラグビー場に出かけた。スタディアムの入口の、否応なくだれの眼にもつく場所に、早稲田大学ラグビー部専用の派手やかな大型バスが停まっている。車体にはスポーツ用品メーカー・アディダスのロゴも描かれている。大学チームであっても、スポンサーをつけるなどして練習環境を整備し、チーム強化を図る時代であることが、この一台のバスからもうかがえる。

この日、観戦した関東大学対抗戦では、宿澤の母校・早稲田大学は日本体育大学と対戦し、一〇〇―〇というスコアで完膚なきまでに叩きのめした。宿澤が選手だった時代はすでに遠く、早稲田のラグビーは変わった。全国から選りすぐりの選手をあつめ、選手の体格からしてどちらが体育系の大学であるかと見まごうほど、歴然とした差が見てとれた。あの当時、身長百六十二センチ、体重六十キロに満たなかった無名選手の宿澤が、現在の早稲田ラグビー部に入っていたならば、どうなっていたか……。

私は緊迫感に欠ける大味な試合よりも秩父宮ラグビー場に近接して建つ伊藤忠商事ビルに眼をやっていた。その十二階のブラインドの隙間から双眼鏡でグラウンドを密かに見つめる当時三十八歳の宿澤広朗の姿を想像し、平成元（一九八九）年のあの日を反芻していた。

その日、五月二十八日は、日本のラグビーファンにとって、どれほど幸せな一日であったことか。宿澤が代表監督をつとめるジャパン（代表チーム）の初陣、テストマッチに日本全国のラグビーファンが酔いしれた。

対戦相手は、世界ラグビーの最高峰に位置する強豪スコットランドである。国際ラグビーボード（ＩＲＢ）の宗主国の八強（イングランド、ウェールズ、スコットランド、アイルランド、フランス、南アフリカ、オーストラリア、ニュージーランド）と日本のテストマッチは、昭和四十六年以来おこなわれてきたが、それまでの十八年間、日本代表は一度も勝ったことがなかった。

ところがその試合は、前半の開始早々から好タックルでスコットランド代表の動きを封じ、山本俊嗣（サントリー）のＰＧ（ペナルティゴール）で先行した。そのあと十七分に吉田義人（明治大学）が初トライ、日本代表が前半を十四点差でリードするという予想外の展開を見せた。

後半に入るとスコットランドが猛反撃に転じたが、耐えに耐えた日本が二八—二四でノーサイドに持ちこんだ。二十八戦目にしてラグビー宗主国にはじめて勝利をおさめたのである。二万八千人の観客からは「シュ・ク・ザ・ワ、シュ・ク・ザ・ワ」「万歳、万歳」の大合唱が巻きおこり、宿澤広朗の小柄な身体が二度、三度と宙に舞った。

「お約束どおり勝ちました」

これが試合後に発した宿澤の第一声であった。

「奇跡」には理由がある

この大金星は、いまもラグビー関係者の記憶に鮮明に刻まれている。

明治大学および新日鐵釜石で活躍した「ヒゲの森」こと森重隆（現・森硝子店代表取締役社長）は、

「宿澤さんは銀行員としてロンドンに駐在して、帰ってきた。指導者としての経験が皆無なのに、いきなり日本代表の監督にするとは、なんて協会はいい加減なことをするのだと私は腹を立てたりもしました。ところが手品みたいに勝ってしまった宿澤さんを見て、よくまあ短期間のうちに選手と心が通じあえたものだなあと感心しました。それと同時に、クールにポッと勝ってしまったような印象もうけて、はたして宿澤さんには熱さがあるのかなぁと思ったりもしました」

と思い出を語る。森が思うほど宿澤が「クール」でないことは後述する。

慶応大学ラグビー部OB倉本博光（現・日本郵船代表取締役専務）は、

「私はオランダにいて仕事中でして、その試合を見ておりません。しかし、かねてからの知りあいだったスコットランドラグビー協会の理事が、職場のモニターに試合経過をテレタイプで流してくれていました。最後に〝（スコットランド）監督の弁明がたのしみだ〟と結ばれていたのを記憶しています。ぼくは大喜び、宿澤率いる日本の勝利がうれしくてしかたなかった」

と言う。翌日、衛星版の邦字新聞の見出しには「奇跡」「快挙」の文字が躍っていた。

当時、報知新聞の記者だったスポーツジャーナリストの柏英樹は、

「日本代表監督として宿澤さんは〝善戦でおわってはいけない。勝たなければ駄目だ〟とよく言っていた。〝運は努力で切りひらいていけるものだ〟というのが口癖でした。当時、早稲田ラグビー部にあらずんばラガーにあらず、ということで日本代表に早稲田メンバーを入れるのが慣わしでもありました。しかし宿澤さんは中央だけでなく地方の試合も見にいき、公平に選手を起用していました」

と語る。後述するように、柏はスポーツ紙の記者として大学に入学してまもないころから宿澤を知るだけに、この勝利の歓びは他の記者に倍するものがあった。早稲田大学ラグビー部で宿澤の二年後輩だった石塚武生（現・常総学院ラグビー部監督）は、

「宿澤さんは戦う前から〝スコットランド、弱いなぁ〟と言っていましたね。相手の戦力を分析して勝つ自信があったのですよ」

と言う。石塚にとって宿澤は、亡くなるまで善き兄貴分でありつづけた。

無名選手を代表に選んで

日本ラグビーフットボール協会の強化委員長（監督兼任）をつとめた日比野弘から宿澤広朗が「ジャパンの監督をやってみないか」という打診をうけたのは、この年の二月中旬のこと。当時、資金為替部という職場でドル／円を売買する統括責任者という重職にあった宿澤は、銀行の諒解を得られないと思っていたようだが、当時の住友銀行会長で大のラグビー好きだった磯田一郎が理解を示し、監督に就任することになった。

私が取材した住友銀行の先輩社員は、

「監督になってからも毎朝出社して、資金為替部の同僚に〝きょうの相場は、どう?〟なんて声をかけていた。そうして練習に出かける。だれに命じられたのでもない、為替ディーラーとしての現場感覚が失われないよう、彼なりにそうしていたのでしょう」

と言っていた（監督業とディーラーの兼務は至難の業と見たのか、翌年から銀行側の配慮によって資金為替部を離れることになった）。

ジャパンの代表監督として、まず「外国人に通用する強さかスピードがある」「ディフェンスがつよい」という一点を基準にして選手を選抜する。公平な選抜を心がけ、三菱自工京都の田倉政憲と東芝府中の梶原宏之という無名に近い選手をジャパン入りさせて、関係者を驚かせた。

宿澤は自著『TEST MATCH』（講談社刊）のなかで、どのような準備をしてスコットランド戦に臨んだかを述べている。この本は、担当編集者によると口述筆記ではなく、宿澤みずから筆をとって一気に書きすすめたという。

《〝絶対に勝て〟とか〝死ぬ気でがんばれ〟とか言うのは比較的やさしいことである。また、そのような言葉で選手の気力を向上させることも容易な場合がある。／しかし本当に必要なことは〝絶対に勝て〟ということより〝どうやって〟勝つのかを考え指導することであり、〝がんばれ〟というなら〝どこでどのように〟具体的にかつ理論的に〝がんばる〟のか指示することではないだろうか》

宿澤には、銀行員として七年半イギリスに駐在した経験があった。この間、本場のラグビーを見つづけ、ひとつの確信を抱いた。国際ゲームにおいては失点を二十点前後に抑えなければ勝機がないという冷然たる事実である。それゆえジャパンには二十点以上をゆるさないディフェンスの整備が急務であった。宿澤が理想としたのは、相手を二十点以内に抑え、数少ないチャンスをものにして二十点以上を取る戦法であった。

《あまりに時間が不足していた。新しい戦法を完全に使いこなすには最低六ヵ月の時間が必要であるが、スコットランド戦まで六週間しかなかった》

しかし方針を打ちだし、短期間のうちにチームをまとめあげるのは、後年に銀行内でも見うけられるように、宿澤の得意技でもあった。

勝利に対する執着と情熱

宿澤は情報の収集・分析・活用（伝達）に力を注いだ。スコットランド代表チームは来日すると、ジャパンチームとのテストマッチまでに関東代表、九州代表、二十三歳未満代表、関西代表との四試合を戦った。これらの試合を観戦するだけでなく、ビデオによる戦力・戦法の分析を徹底的におこなう。スクラムが何回組まれていくつボールを取ったか、スクラムから地域ごとの攻撃方法はどうか、ラインアウトの総数、密集でマイボール・相手ボールの獲得数、スローインの場所、モールとラック時のボール獲得数……等々。

分析の結果、スコットランドのディフェンスが弱いという点に着目し、そこを徹底的に突くことにした。

宿澤は、日本代表が集合した初日から試合前まで終始一貫して言いつづけた。「スコットランド戦は勝ちにいく。相手は第二線防御が甘く、ジャパンのバックスで二十五点は取れる。だから失点を二十点に抑えれば必ず勝てる」と。繰りかえし言われると、選手たちも「勝つ」ということが実感として受けとめられるようになったという。

試合の前日、スコットランドチームは秩父宮ラグビー場で秘密練習をおこなった。宿澤は伊藤忠商事のラグビー部を通じて十二階の一室に入れてもらい、その練習を双眼鏡で見つめた。それまでとは異なる攻撃を仕掛けてくるのではないかという懸念は払拭されたし、ジャパンの選手にとってなによりプラスになったのは、この偵察によって「おれたちはここまでやっているのだ」という、勝利にたいする監督の執着と情熱が伝わったことである。

そして宿澤の目論見どおりに快挙を成しとげた。

ジャパンのキャプテンをつとめた神戸製鋼の平尾誠二（現・神戸製鋼ラグビー部ゼネラルマネージャー）にとって、宿澤広朗は兄貴のように接することができ、ほぼ対等に語りあえる監督であった。平尾は宿澤の人柄にふれながら、スコットランド戦を語ってくれた。

ある日、神戸にいる平尾のもとに宿澤から電話が入った。

「代表監督をつとめることになったので、キャプテンをやってもらいたい」

すでに宿澤の監督就任については噂が飛びかっていた。それまで代表監督といえば、当時二十六歳の平尾からすると「父親」のような年齢であったが、平尾と宿澤は十二歳の年齢差しかない。宿澤のような若い監督が采配をふるうようになればいいと思っていると、その宿澤が気さくに電話をかけてきたのである。

平尾はキャプテン要請をとりあえず承諾したが、チームづくりやゲーム運びなどについて、監督・宿澤がどのような考えを持っているかを知るべく後日会って話を聞くことにした。

「自分なりに納得できました。いい意味でも悪い意味でも、宿澤さんは海外生活が長い。日本のラグビーや選手についても、よく知らないようでした。逆に言うと、日本ラグビー界のしがらみもなく、チームづくりができるということですよ。当時、神戸製鋼も勝ちだして、ぼくもそれなりに自信を持ちはじめていた。うまくやっていけそうでした」

あとでわかったことだが、もしも平尾が断れば、さらに後輩の堀越正巳（現・立正大学ラグビー部監督）をキャプテンに据えるつもりでいた。それほど宿澤はジャパンの若返りを考えていたのである。

平尾誠二とのカラオケ対決

カリスマ性のある「父親」ではなく、なんでも語りあえる「兄貴」としての監督の出現は、キャプテン平尾を闊達にふるまわせた。

たとえば平尾が「朝の散歩はやめましょうよ。子どもの修学旅行じゃあるまいし、あんなの意味ないですよ」と言う。代表チームは、毎朝七時に起床すると、朦朧とした眼でぞろぞろと一団になって散歩をおこなっていた。そのあと宿舎に帰ると、また寝て、そして練習に臨む。それほど意味があるとは思えない散歩であり、選手たちも違和感をおぼえながら口に出しかねていたのだが、平尾は提言したのである。

「そうだな、やめよう」

と宿澤は言い、あくる日から朝の散歩は廃止された。しかし宿澤は、選手起用など試合の要諦にかかわる点となると自分なりに細部にいたるまでこだわった。

宿澤と平尾は、兄貴分と弟分のような関係を築いてゆく。平尾は冗談まじりに「組長と若頭やね」とも言う。選手はまとまり、練習中も笑いが絶えないチームに仕上がっていった。

宿澤は平尾について《〝さらっと〟自分のキャプテンシーを発揮できる種類の人間である。／プレーも一流、背も高く(引用者注・平尾の身長は百八十三センチ)、顔も良い、そんな平尾に何か欠点があるのではと密かに考えていたが、なかなか見つからない》と書いている(前掲書)。さらにつけくわえると、平尾は中学、伏見工高、同志社大学、神戸製鋼と所属したすべてのチームで日本一に輝いた。これでは監督である自分よりもキャプテン平尾のほうが、選手たちから一目も二目も置かれてしまう。宿澤は自他ともにみとめる負けず嫌いである。監督たる自分がなにもかも凌駕され、卑屈になりかねないと思ったのか。

宿澤は銀行の同僚にこう言っていた。

「〝あいつは上手い〟と思ったとたん、こっちの気持ちが萎縮する。平尾、堀越、松尾（雄治）のプレーを最初に見たとき、そんな気持ちになったなぁ」

以下、笑い話のようではあるが、平尾の《欠点》は、音痴ということにあるのではないかと宿澤は考え、飲みに誘い、カラオケを歌わせることにした。平尾の音痴をからかいの材料にしようと思いたったらしい。

では、宿澤は歌が上手いかというと、下手である。後年のことだが、銀行の部下に「おじいちゃん（父親）から人前で歌わないように言われているんだ。歌が上手くなるのなら、百万円出してもいいね」と語っている。それでも、平尾とカラオケ合戦をしたのは、平尾につけこむ隙がそこにあると宿澤は見た。つまり、自分に「勝機」があると考えたのである。

平尾はその場面を鮮明に記憶しており、笑いながら言う。

「ぼく自身、歌が上手いと思っていない。平尾は音痴だという情報を宿澤さんはどこからか仕入れていたらしく、それで優位に立とうと思ったのでしょうね。それにしても宿澤さんがカラオケをやるとは、ぼくは思ってもいなかった。まず宿澤さんが歌い、そのあと〝お前、やれ〟となる。こうなると体育会系の先輩後輩ののりですよね。仕方なく、ぼくはサザンを歌った。そうしたら周りのウケが宿澤さんよりいいんですよ」

宿澤の「なごり雪」につづいて、平尾が「いとしのエリー」を熱唱すると、客たちは静まりかえって聴きいり、おわると宿澤以上の拍手喝采が沸きおこった。

宿澤は憮然（ぶぜん）として平尾に言う。

「お前、上手いじゃないか……。おう、帰るぞ」

こうした他愛のないカラオケ勝負においても悔しがる宿澤の無邪気な個性は、平尾をはじめ選手たちにさらに親近感をおぼえさせた。当初、平尾は「宿澤さん」と呼んでいたが、いつのまにか「おっさん」となった。

たった一度の歴史的勝利

平尾によると、宿澤は合理的ではあってもクールではなく「熱い男」であった。

「負けるとかっかしているし、しょっちゅうキレていました」

ただし熱くなっても、すぐに切りかえて冷静になれる男でもあった。

スコットランド戦の前半を二〇―六と十四点差で終了すると、宿澤の興奮ぶりが見てとれた。ハーフタイムのとき、宿澤は選手を前にして「いけるぞ」「この調子でいけ」「おう、いくぞ」とわめくように檄を飛ばしていた。選手も高ぶり、「いくぞ」「いくぞ」である。しかし平尾は、前半のように後半もいくはずがないと冷静に見ていた。

「前半のリードは、できすぎやと思いましたね。後半は相手も物凄く眼の色を変えてくるにちがいありません。すでに、こっちはみんなバテバテだし、きつい試合になるはずです。後半もおなじ調子で立ちむかうと、危ないなぁとぼくには思えました。だから宿澤さんや選手のいるところで〝これ（十四点差）をうまく食いつぶしていこう。点を取られても気にするな。一点差でも勝ちは勝ちや〟と言いましたよ」

ここで平尾は、宿澤の言う《自分のキャプテンシー》をさらりと発揮して、興奮のあまり勝ちパターンを見失いそうになった「組長」を「若頭」として補佐している。相手の猛攻をかわすにしても、失点を恐れるあまり力みかえってばかりいては、逆に玉砕しかねない。平尾は「十四点差あるんだから、こちらは息をつぎながら、相手がバテるのを待つのがいい」と訴えた。

平尾の言葉を聞いて宿澤も冷静さを取りもどし、「そうだ、耐えるんだ」と言い放つ。そして後半では貯金を食いつぶしながら最後の一線は死守し、結果は二八―二四の歴史的な大勝利をおさめたのである。

このスコットランド戦は、日本ラグビーが強豪国に勝つひとつのパターンを明確に提示した。しかしこのパターンが、その後も引きつがれたかというと、前述した世界の八強に勝ったのはこの一回だけである。

「条件がそろわなければ、この勝ちは繰りかえすことができません」

と平尾は言う。その条件とは、事前に偵察するなどホームのアドバンテージをかなり活かせたこと、涼しいスコットランドにくらべると日本は蒸し暑い時期にあったこと、相手方の主力選手がべつの遠征にとられて「一・五軍」が出場したこと……等々。ただし相手がベストメンバーでないからといって、日本がまともにぶつかっても勝てないことは明らかであった。

「宿澤さんは、どういう状況になれば勝てるかを具体的に把握していた。その考えと練習のやり方が卓越していました」

どのような監督であっても勝ちにこだわる。しかし宿澤は、さらに日本が勝てる具体的な状況を想定し、練習を重ねたのである。前述したようにこのテストマッチの前にスコットランドが日本で四試合を戦ったことにより、宿澤は相手を丸裸にできた。関東代表を九一―八の大差で破るような試合を観戦すると、絶望感に浸ることにもなりかねないが、自分たちの勝ちパターンを想定していた宿澤と平尾には、そういうマイナス思考はいっさいなかったという。

「ここは通用する、こうなったらきついぞ、という具合にシミュレーションを重ねながら練習を構築していきました。宿澤さんは選手を自分の好みの色に染めようとする監督ではない。そういうことから脱皮した最初の監督でもあります」

平尾は宿澤を礼賛してやまない。後述するが、銀行においても部下を自分の好みの色に染めるような管理職ではなかった。

スコットランド戦の日、タッチジャッジをつとめた真下昇（ましも）（現・日本ラグビーフットボール協会専務理事）は、

「勝ちが決まったときは、思わずガッツポーズをしてしまいそうになり、中立であるべきタッチジャッジとして必死にこらえたものです」

と回想する。後年、この真下が日本ラグビーフットボール協会の専務理事に就任すると、日本ラグビー界の改革をめぐって宿澤と対立し、真下は宿澤シンパの協会関係者から「天敵」と呼ばれるようになる。対立が激化した結果、協会から追放されるようにして宿澤が理事を辞任した事実については後述する。

いずれにせよ、ことスコットランド戦となると、いまもだれもが熱く、たのしそうに思い出を語っていた。

第二章

文武両道

人間は一生のうち、必ず一度は千載一遇の好機に遭遇するものである。しかし凡人はこれを捕へずして逸してしまふ。古語にも「幾を知るは、夫れ神か」とある。機会は雲中に現れる蛟龍のごときもので、忽ち隠れてしまふ。これを捕捉するには、透徹明敏の識見と、周密なる注意と、豪邁なる胆力が必要である。

岩崎弥太郎（『岩崎彌太郎傳』）

前途に立ちはだかる幾重もの壁を突き破ってゆく宿澤広朗の力は、どのようにして醸成されたのか。

スポーツにもビジネスにもルールや形式がある。しかし宿澤は、そうした枠に踏みとどまることなく、それを超え、気がつくと逆に従来の枠組みに一石を投じている。パソコンを自分の使い勝手のいいようにすることをカスタマイズというが、宿澤の五十五年の人生を追うと、自分のおかれた環境を最適化する術に長けた姿が浮かびあがってくる。無理矢理、自分の足を靴にあわせるのではなく、自分の足にあうよう靴をつくり変えていったともいえる。

宿澤は昭和二十五（一九五〇）年九月一日、東京都下の日野市に生まれた。あえて誕生日を記したのは、団塊世代の後続世代であるということを知ってもらいたいからである。団塊世代を厳密に定義すると、昭和二十二年四月二日から同二十五年四月一日までに生まれた三学年の約七百五十万人ということになる。その親たちの大半は、自営業者であり、その暮らしは豊かとはいえなかった（統計資料によると、その当時の就業人口は農業や商店経営など自営業者が六割以上を占めていた。ちなみに現在、就業人口の八割以上がサラリーマンである）。

昭和二十二年に生まれ、団塊世代の〝第一グループ〟に属する私などは、家計のやりくりに苦労する自営業の親の姿が幼いころの記憶に残っている。名古屋市内の下町で生まれ育ち、小中学校のころクラスでも数少ないサラリーマン家庭の同級生の家に遊びにいったときなど、ソファやローテーブルのあるモダンな暮らしぶりを羨ましく思ったものである。

〝第四グループ〟となる宿澤も進学や就職においては団塊の浪人組と競りあい、余波をうけた競争世代ではある。しかし団塊の世代と比較すると、相対的に恵まれた世代といえよう。朝鮮戦争がもたらした特需景気によって、急速に第二次産業の雇用が拡大し、年々サラリーマンが増加していった時代に育っている。私よりも三学年後れで、昭和三十年代に小学校に入った宿澤の世代の少年期は、日本が高度成長にむかって突きすすんでいる時期でもあり、より豊かさの恩恵に浴している。

団塊の後続世代という点においてさらに強調しておきたいのは、三井住友銀行のみならずあらゆる巨大企業において、最初に経営トップ（専務取締役）に躍りでたサラリーマンが宿澤広朗だったのである。

大正九年生まれの宿澤の父・広輝は、台湾の花蓮市で育った。本人は早稲田に進学したかったようだが、実家が商家だったこともあって、台北の商業学校で学んだ。引き揚げてからは富士電機の庶務課に勤務するかたわら、野球部（準硬式）の監督として采配を振った。母・英子も結婚するまではおなじ職場で働いていた。

父親もまた、二足のわらじを履いていたのである。戦後復興を成しとげ、世の中が安定してきたこともあって、父親の二足のわらじの価値感が息子には素直に容認できたのであろう。ただし野球部での活躍にくらべると、父親は職場ではいわゆる〝ノンキャリア組〟であり、四十歳をすぎてから係長になるなど、昇進の後れは否めなかった。

この父親について、当時の野球部で選手として鳴らした根本剛（現・株式会社アマディウス代表取締役）は、

「負けず嫌いは〝相当〟どころじゃない。試合に負けると烈火のごとく怒っていました。短気でせっかち、時間に遅れたりすると怒る。私はグラウンドで蹴飛ばされたりもしましたよ。そのくせ几帳面で、職場の机の引き出しにおさめた鉛筆はいつも削ってある。書く字もまた几帳面で、きれいでした」

息子・広朗も負けず嫌いにして几帳面なのは、この父親の影響をうけたようである。父親は大の巨人軍ファンで、テレビのナイター中継は欠かさず見ていた。負けると機嫌がわるい。テレビの前で「外角でストライクを取れんような投手を出すな」

「バカヤロー、あんなサインを出しおって」「ボール球を打って勝てるわけがない」とわめく姿を、同僚たちは記憶していた。この点は息子・広朗も似て、ジャパンの監督時代はスタンドからがなり立てていたし、後年、東京ドームで巨人戦を観戦し、負けるとむっとして「こなきゃよかった」と家族に口走ったりしている。

富士電機の野球チームは、地元・三多摩地区では敵なし、東京都のなかでベスト5に入る強豪だったという。ただし都市対抗野球の出場を狙うとなると費用がかかるので、会社としてもそこまでやることはないと準硬式に止(とど)めていた。

「手堅く攻める監督でしてね。バントはよくやりました。投手にしてもつづけて三人にフォアボールを出すか、三連打を浴びるかすると、たちまち交代ですよ。〝宿(しゅく)さん、もう少し我慢してくれよ〟と言っても〝うるさい、駄目だ〟とやられる」

幼い広朗は、いつもダッグアウトにつれてこられ、父親の一挙手一投足に見入っていた。「おしっこ」と声をあげ、ベンチから腰をあげると、試合に熱中する父親から「こら、うろちょろするな」と叱られる。大試合に勝つと、父親は胴上げされ、泣きじゃくる。そのとき広朗も選手たちから胴上げされたというから、チームのマスコット的な存在だったようである。

後年、宿澤広朗は父親について、わずかにこう書いている。

《休日になると試合や練習に連れていってくれた。私が楽しみにしていたのは、父が試合でサインを出す時だった。「顔を触るとバント」とか、いたって単純なサインだったが、私の小さな胸はときめいた。（中略）今思えば、スポーツにおける〝監督の基礎〟のようなことをこの時に父から学びとったような気がする》（『週刊現代』平成十四年二月二日号）

野球よりラグビー

一歳ちがいの姉・由美子によると、小学生のころから広朗は「目だちたがり屋」だった。なにをするにも自分が中心にいなければ気がすまない。ただし、そのため人目につかないように努力をしていたという。

広朗が中学生になるころ、父親の転勤に伴い、一家は日野市から埼玉県吹上町（現・鴻巣市）へと引っ越す。父親の影響もあって中学校では野球部に入った。担任教師は「授業中、広朗君の集中ぶりがよくわかる。眼つきがまったくちがう」と姉・由美子に言っていた。学業成績はつねにトップクラスだった。

高校に進学するにあたって、担任教師は県南の名門・県立浦和高校を薦めた。しかし吹上から浦和に通学するとなると、かなりの時間を要する。本人は「浦和は遠いから……」という理由をあげて、県北の県立熊谷高校を選択した。勉学だけに専念するのではなく、文武両道の高校生活を想い描いていた。

中学時代は野球部だったが、高校に入るとラグビーの道にすすんだ。職場の同僚が「宿さん、広朗君はどうして野球じゃなくラグビーになったんだよ」と尋ねると、父親は「しょうがないよ、広朗の奴、おれの言うことを聞かないんだから」と答えていた。大学時代において身長百六十二センチ、体重は六十キロにも満たないということは、中学時代はさらに小兵であり、すでにして野球選手としての限界を感じていたのであろう。

人間にとってコンプレックスは、よりよく生きようとするばねになる。あえて宿澤にとってのそれを見つけると、本人が明言しているのではないが、身体が小柄であったことにいきあたる。野球好きの多感な中学生という時期に、小柄というハンディを他人の何倍も痛感していたのではなかったのか。

さらに後年、宿澤は親しくしている銀行の同期生に中学時代の苦い思い出を語っていた。

「初恋の娘はおなじ中学校にいたが、途中で京都に引っ越しちゃってね。どうしても忘れられなかった。しばらくして修学旅行で京都に行くことになったので、着いたとき〝会いたい〟と電話をしたんだ。そうしたら、生徒会の用事があるから出ていけないとかなんとか言って、冷たくあしらわれた。想いはかなえられなかった。あのときは寂しかった……」

宿澤は社会への反発をばねにして十代から二十代を送ったのではない。宿澤に潜む原動力の在り処をさがしていくと、この失恋にいきあたる。同期生には、この体験が「かなり重い傷」であったことも告白している。十四歳から十五歳にかけての、人生における魂の純度がもっとも高い時期に失恋するということは、本人にしてみれば、自分が否定されたことを意味するだけでなく、拠って立つそれまでの世界が破壊されるほどの打撃を被る。その失恋は、結果としてさらに自分を鍛える機会を宿澤広朗にあたえたのではなかったか。

野球に見切りをつけてラグビーを選んだ理由について、のちに宿澤は《野球やサッカーなら中学校時代から鍛えている人が多い。同じ条件で始められるのはラグビーしかないと考えたのです》と語っている（『日本経済新聞』平成十二年七月四日付夕刊）。

《商売は戦いである。戦いには勝つことのみが善である》

これは大正製薬の故上原正吉が説いたといわれる企業精神である。中学生のころ宿澤は、父親が持っていた本を読んでこの言葉が自分に刷りこまれたことを明かしている。この本を読んだのが、失恋の時期に重なるかどうかは定かではないが、失恋のあとこの言葉をいっそう胸に刻みつけたのは、容易に察することができる。人生もまた《勝つことのみが善》であるとすれば、野球をつづけていても自分は浮かばれないと思ったのであろう。

従来にない戦術を編み出し

父親にたいする宿澤広朗の反抗をさぐっていくと、唯一、野球をやめたことぐらいであった。しかし父親に従順だったかというと、そうでもない。父親は息子が突きすすもうとする世界から蚊帳(かや)の外におかれ、進路などについて口をはさむ余地はなかったというほうが正確である。学歴や職歴において、息子が父親を乗り越えるのは、それほど困難なことではなかった。

のちに宿澤は姉・由美子の前でこう語っている。

「だれに育てられたのでもない。ぼくは、ひとりで生きてきたみたいなものだ」

あれやこれやを父親に相談するのでもなく、さっさと自分で決め、まずは母親に事後承諾を求めるのが、高校生以後の宿澤のやり方である。父親にたいするのとは異なり、母・英子には周囲が驚くほど従順であり、五十歳をすぎても母親の話題となると眼を細めていた。

熊谷高校もまた、埼玉県の北部では屈指の進学校である。父親は息子がこの高校に入ったとき「おれに似ていない。できすぎだよ」とうれしそうに同僚に語っていた。

スポーツ活動も盛んな男子校で、野球部は甲子園出場を狙える位置にいた。宿澤と同学年だった野球部の重崎高至（現・株式会社シバソク代表取締役社長）は語る。

「野球部とラグビー部はおなじグラウンドで練習をしていた。野球部はグラウンドを広く使用し、ラグビー部は隅のほうです。宿澤一人、残って練習している姿をよく見ましたね」

繰りかえすが、負けず嫌いは父親ゆずりであった。くわえて野球からラグビーに転じたことを、父親からとやかく言われたくないという思いもあっただろうし、初恋の女性にたいする「なにくそ」という意地もつよくあったかと思う。

高校ラグビー部の同期・金井律夫（現・都立多摩高校教員）は言う。

「生徒数は全校五百名ですが、私らが入部した当時、ラグビー部は人数が足りなくて、試合のたびに柔道部や陸上部から助っ人にきてもらっていました。宿澤君はすでに春休みから入り、砂場でダイビングパスの練習をやっていたそうです。その姿を当時のキャプテンや先輩が見て、宿澤君の才能を見抜いたようです」

話は飛ぶが、高校三年生のとき同級だった平石貴久（現・平石クリニック院長）は、

「校内の陸上競技会で、宿澤は短距離から長距離まで優勝ですよ。とりわけ三千メートルの走り方がみごとでしたね。上半身が安定していて、脚の回転が速い。そのときぼくはグラウンド内で測定員のようなことをしていて、優れた身体能力とはこういうのをいうんだなぁ、と感じ入ったものです」

と言う。その身体能力は、銀行員になってからもゴルフに活かされ、ハンディ10の腕前を誇るようになる。

ラグビー部は新任の小柄な教師が指導しており、おなじく小柄な宿澤は励まされた。きびしい教師で、竹刀で追いたてられながら練習したこともあったという。ただし、部員たちの気合や態度にもの足りなさを感じると、練習に出てこなかったりもする。そのようなときは、金井と宿澤が教員室へ頭を下げにいく。そうしたことが一再ならずあった。

ラグビーに転じた宿澤は、そこに「スクラムハーフ」という自分に最適のポジショ

ンがあるのを知った。ラグビーの解説書には、つねにボールが出る場所にいて、ボールを奪取し、つぎの攻撃につなげるのが「スクラムハーフ」の役目とある。ボールをバックスに展開するか、フォワードに持たせて突進させるか、自分で運ぶか、自分で蹴るか、状況を瞬時に判断してその時点でもっとも効果的な攻撃方法を選択する。俊敏さが求められるので、総じて小柄な選手が多い。

「スクラムハーフ」という天啓

後年、新聞や雑誌の取材をうけると、宿澤広朗は「ラグビーと銀行業務の相関関係はない」と断定するかのように語っている。その理由として、仕事はきわめて日常的なものであり、ラグビーは非日常的なもの、おなじ手法でこなすのはおかしいという。しかしこの発言には、自分はラグビーの理屈で動いているような単純な男ではないという、銀行員としての気負いがこめられているようにも思われる。

いま振りかえると、高校生の宿澤が「スクラムハーフ」に活路を見いだしたことは、その人生を左右するほどの重要な選択であった。それは生まれついての資質であり、「ラガー」としての習い性でもあったと思うが、銀行員になってからも「スクラムハーフ」らしき動きが仕事におおいに反映され、仕事哲学にまで高められたのではないのか。ビジネスの局面はつぎつぎと進展していく、ぼんやりしていると手遅れになりかねない。どのようなときでもボールを前へすすめなければ、得点するチャンスは生まれないというラグビーの鉄則は、銀行という職場においても宿澤に時間の無駄づかいをさせることなく、「いま、なにをすべきか」を考えさせ、つねに「スクラムハーフ」のように動くよう仕向けた。瞬発的な判断によって立ちむかわなければ勝機は訪れないという「スクラムハーフ」経験が全身に染みこんだ。

その資質に適(かな)った「スクラムハーフ」というポジションを宿澤は得たことによって水を得た魚となり、新人戦では強敵・熊谷工業を破って埼玉県で優勝している。助っ人を得てようやく成立したチームにしては、奇跡的ともいえる快挙である。

宿澤は熊高ラグビー部の要となり、大学受験が迫った高校三年生になっても、脱けだせない。ラグビー部の指導教師も「宿澤君には浪人覚悟でラグビーを頑張ってもらいたい」と家族に言うほど嘱望していた。

姉・由美子は言う。

「浪人をせず大学に入りたいという思いが弟にはあったので、先生のその言葉を聞いてから猛勉強をはじめましたね。家に帰ると夜遅くまで勉強していましたもの」

ラグビーに精を出すあまり一浪するという選択は、負けず嫌いの宿澤からすると、負けを承知で人生の勝負に臨むようなものであり、耐えられないことであったのだろう。

ラグビー部の同期・金井律夫は語る。

「例年、夏休みには学校で合宿をします。私たちが高三の夏、宿澤君の発案によって、合宿のとき勉強道具を持参することにしました。これまで例のなかったことです。それをラグビー部OBに見つかって、怒られたことがあります。夜中に後輩たちを叩きおこしてラグビー小唄を歌わせるようなバンカラな先輩がいましたからね」

身体能力に優れているだけでなく、創意工夫を凝らす才もあった。

金井は、宿澤の非凡な才能を目のあたりにした試合を語る。

「高校三年生の夏、関東大会で都立日比谷高校を相手に四三―〇で圧勝したときのことです。宿澤君が相手のハイパント攻撃をいちはやく読んで、落下点でボールを取って、反撃に転じた。〝バッキングハーフ〟を鮮やかにやってみせたのですよ。のちに宿澤君が早稲田大学に入って世に広めたこの戦術を、まさにこのとき会得していたのですよ」

相手がボールを高く蹴りあげて、その落下地点をめざして突っ走ってくる。ところが宿澤は相手が想定した落下地点をいちはやく察知して先にそこへ到着し、ボールを奪い、逆に攻撃に転じるようにした。自分を活かせるカスタマイズへのこだわりが、従来のスクラムハーフのあり方を変える戦術をも編み出したのである。後年「ピンチをチャンスに変える男」と言われた宿澤の片鱗がここにうかがえる。

学業は優秀だった。部活動をつづけながら英検二級の試験にも、早稲田大学政経学部にも合格した。宿澤と同様、重崎高至も野球部の活動をつづけて、慶応大学経済学部に現役で入った。この二人は校内でも評判になったという。ちなみに高校の同学年のトップは、のちに雅子皇太子妃の担当医としてなにかと評判になった堤治である。その年、東大の入試が中止されたことにより、堤は翌年受験して東大医学部へとすすんでいる。

学業と運動を両立させることができたのは「いま、なにをすべきか」の判断力が効を奏したのはいうまでもない。さらにスコットランド戦のハーフタイムで見せたように感情の切りかえが素早く、局面ごとに思考の切りかえもでき、ラグビーと勉学のいずれにおいても集中力を発揮できたからである。この宿澤の能力は、銀行員になってさらに磨きがかかり、おおいに仕事に活かされる。

〝掘り出し物〟

「大学ではラグビーをしないよ」

と宿澤広朗は家族に言っていた。しかし入学して何日かがすぎるころ、ラグビーを棄てきれない自分を知ったようである。

宿澤と早稲田大学ラグビー部で同期の田原洋公（現・西日本プラント営業管理部担当部長）は言う。

「私たちの同期は、一人も推薦入学で入っていません。一級上には新日鐵の監督にもなった佐藤秀幸さん、トヨタで活躍した益田清さんなど、高校時代からの名選手がいましたが、私たちの期は宿澤もふくめて有名選手はいない。一般の学生ばかりでした。四月に入部者があつまったときには、宿澤はきていなかった。ある日、ポッと東伏見のグラウンドに現れたのですよ」

そのころ報知新聞の記者としてアマチュアスポーツを担当していた柏英樹は、早大に入学した宿澤との邂逅を、昨日のことのように記憶していた。

昭和四十四年四月のある日、柏は西武新宿線の沿線にある東伏見グラウンド（現・

西東京市）に早大ラグビー部の練習を見にいった。すでに新入生は迎えられ、練習に参加していた。

グラウンドの中央にぼろぼろの木製スタンドがあって、砂埃が舞うなか学生服を着た「少年」が眼を輝かせて練習を見ている。

「ラグビーが好きなの？」

と柏が声をかけた。小柄で童顔なので、せいぜい高校生かと思ったが、新入生であるとわかった。熊谷高校ラグビー部にいたと聞いて、柏は強豪の熊谷工業高校と勘違いをした。

「〝工業〟ではなく〝高校〟です」

とその新入生は言い、柏に問いかける。

「一般学生でもラグビー部に入部できるのでしょうか」

「大丈夫だよ」

当時の早稲田ラグビーは、宿澤と同期の中村康司（現・セコムラグビー部部長）に言わせると「下手なのが入ってきて、日本一をめざすというチーム」である。チームのレベルアップを図るには猛練習をするしかなく、それが早稲田の伝統でもあった。

柏は、この新入生をキャプテンの井沢義明に引きあわせた。

「政経学部一年の宿澤広朗と申します」

井沢には、小柄で童顔の宿澤がたよりなく見えたのかもしれない。

「大丈夫か？ 練習はきついぞ」

と真顔で言った。

「やります」

と宿澤は答えた。

それから三ヵ月後の夏、柏が菅平の合宿を取材に訪れると、井沢キャプテンが駆け寄り、こう言う。

「柏さん、宿澤は掘り出し物ですよ。見てください」

柏がグラウンドに眼をやると、あの「少年」がスクラムハーフのレギュラーポジションを得て、機敏に動きまわっていた。

宿澤広朗は、みずからのラグビー人生を振りかえり、早大ラグビー部ですぐさまレギュラー入りしたことについて、こう語っている。

《名門ラグビー部では一年生は二軍か三軍が普通でしょう。（中略）なぜ僕がといぶかしくは思いましたが、前シーズンのメンバー構成にこだわらず、実力本位で評価してもらえたのはうれしかった》（『日本経済新聞』平成十二年七月四日付夕刊）

逃げ出したくなるような練習

同期のラグビー部員を取材してまわると、辛い練習の思い出を口々に語る。だれも自分が凄い選手であるとは思ってもいない。そうした集団が日本一をめざすとなると、想像を絶するほどきびしい練習を強いられることになる。午前中は大学の授業、午からは東伏見に移動してグラウンド整備、二時から猛練習、そして後片づけをして寮に帰ると九時半をすぎている。

中村康司は、スタンドオフとして鳴らし、スクラムハーフの宿澤とは、のちに伝説ともなった「黄金のコンビ」を組んだ。とりわけキックは精度が高く、「キックの名手」といわれた。それには猛練習の裏づけがあったという。

「二人で人一倍練習したんだ。みんなも言っていると思うけど、宿はそもそもパスは上手くない。ぼくも正確にキックができるよう、嫌になるほど練習したんだ。パスもキックも偶然なんてひとつもない」

一年生のときの監督は「鬼のキモケン」と呼ばれ、その指導のきびしさは歴代監督ナンバーワンといわれる木本建治（故人）であった。四年生でさえも辛くて泣きだしたり、反吐を吐いたりしていた。

「いつも逃げだしたいと思っていました。午前中は授業に出て、昼すぎに高田馬場駅から西武線に乗って東伏見へとむかう。そうするとぼくは気持ちがわるくなり、昼食ものどを通らないほどでした。それでも宿は弱音を吐くことはなかった」

こう語るのは中村だけではない。田原洋公は、卒業後も新日鐵釜石に入り、同期でただ一人、社会人ラグビーの選手としての道をすすんだ。この田原をしてこう言わしめている。

「寮からグラウンドにむかう途中に、ちょっとした崖があるんです。ああ、ここから落ちたら休めるのになぁと思うことも再三でした。西武線に乗ると胸が苦しくなったし、雷が鳴らないかなぁ、電車が止まらないかなぁ、と本気で思いました。新日鐵釜石の二倍、三倍は練習をしていましたよ。とくに宿澤と中村の練習量は凄かった」

自分たちの強さがどれほどなのかわからない。しかし試合に出ると勝ち、いつのまにか日本一になっているという感じだったという。

猛練習は「鬼のキモケン」の特産物ではなく、早稲田ラグビーの伝統である。昭和三十年前後にラグビー部に所属した日比野弘は言っていた。

「ぼくらのころも、そりゃもう練習はきびしかった。西武線の高田馬場駅から東伏見駅まで駅の数がいくつあるか知っていますか。皮肉なことに十三駅あるのですよ。一駅ずつ近づくにつれて、嫌な気分になったものです」

日比野はラグビー練習場にむかう折、十三階段を昇る死刑囚といわないまでも、不吉な予感に襲われたという。

入部して半年間、宿澤は吹上町の自宅から通っていた。猛練習の後片づけをして東伏見から一時間半をかけて帰る。家に着くのは深夜になり、同期のだれよりも疲労感があったかと思われるが、辛さを口にすることはなかった。姉・由美子によると「母は我慢づよかった。母がそうだったので、弟は具合がわるくても口に出さない。弱音を吐くことはありませんでした」という。

「偶然」でなく「当たり前」

宿澤広朗は、大学一年生からレギュラーとして活躍し、二年生のときは社会人チーム新日鐵釜石を破って日本選手権に優勝し、三年生のときも三菱自工京都を破ってまたも日本一に輝いた。まさに早稲田ラグビー黄金期の一翼を担ったのである。

そのころの早稲田ラグビーについて、ライバル校・明治大学にいた森重隆は、

「早稲田はいわば型にはまったラグビーです。勝つためには自分を殺してでも決まりを守るというようなラグビーです。明治は、のびのび勝手に走るラグビーでした。対戦するぼくたちは、ここで早稲田がなにをするかわかっているのに勝てない。じつに上手に連携し、カッコよくボールをまわしていました」

と語る。

早稲田ラグビー部の同期・星忠義（現・株式会社ネットワーク代表取締役）によると、宿澤は先輩のやり方を踏襲するだけではなかったという。

「宿は従来と異なる、意外な戦法を熱心に研究し、失敗してもやり通した。それはもう熱心に研究していました」

たとえばフォワードが弱いときはバックスにボールを出してまわすというのが従来の戦法である。だがスクラムハーフの宿澤は、ボールを取るとスタンドオフにまわさず、直接キックして相手の防御の隙間を突くことに挑戦していた。

宿澤より二学年下で、慶応大学ラグビー部のスクラムハーフだった上田昭夫（現・フジテレビスポーツ局スポーツ制作センター開発事業部専任部長）は、早慶戦に出場して宿澤のプレーに眼を瞠（みは）ったという。

「従来、パスばかりだったスクラムハーフが、みずからボールを持って走ったり、キックをしたりする。ほんとうに凄かったし、憧れたものです。学生ラグビーの人気に火をつけたのは宿澤さんです」

宿澤が一年生のとき、秩父宮ラグビー場の観客はせいぜい四、五千人だったが、二年生になると一万人を超えた。

宿澤より十八歳若い堀越正巳は、早稲田大学や神戸製鋼でスクラムハーフとして活躍し、「宿澤二世」という評判をとった。

「木本監督がおっしゃるには、ぼくのスタイルは宿澤さんに似ているそうです。一例をあげると、裏（攻撃の反対方向）にいて、相手が蹴ってくるボールを取る。つまりピンチをチャンスに変えるスタイルです。しかし、宿澤さんは蹴られたボールの下に必ずいて、その精度は一〇〇パーセント、ぼくは七〇パーセントということです。それだけ宿澤さんはゲームを完璧に読んでいるのですよ」

このほか宿澤と堀越は、意外性、タテの突破力などが似ているといわれる。さらに大学一年生にしてレギュラーに抜擢されたことも宿澤と類似していた。

宿澤が大学三年生のときの日本選手権は、伝説の大接戦となった。日本のラグビー史上、学生チームが社会人チームを連覇して日本一になったのは、唯一このときだけである。

その日、昭和四十七（一九七二）年一月十五日は雪の決戦となった。前半、早稲田がリードしていたが、後半の二十九分、三菱自工京都に逆転された。しかし終了三分前、早稲田・佐藤秀幸のパントは、ボールが弾まないはずの雪のグラウンドで跳ねあがり、右ウイング・堀口孝の胸におさまった。そのまま堀口が二十五ヤードを駆けぬけて、劇的な再逆転トライとなった。そしてノーサイド、一四―一一で早稲田が勝利をおさめたのである。

翌日の新聞は、雪のなかでボールが弾んだことについて「奇跡」「女神が舞い降りた」と報じていた。

当時を思いうかべて、星忠義は言う。

「宿澤は〝あれは偶然じゃない。何万回も練習しているんだから当たり前なんだ〟と言っていた。どういう状況でどうなるのか〝分析、努力〟が口癖でした。雨の日は雨の試合を、強風の日は強風の試合を想定して、練習をやっていたのですよ」

数多いガールフレンド

平日の午前中は大学で講義をうけ、午後からは練習に励む。夏休みは菅平で合宿をする。秋から冬にかけては、大学選手権や日本選手権があって、正月もラグビー漬けになる。これではガールフレンドと出会う機会も、ましてや交際する暇もないように思われる。ところが宿澤は、忙中の閑に素早く行動していた。

姉・由美子は短大を卒業すると就職したので、宿澤が大学二年生のときには社会人になっていた。

「弟はアルバイトができないので、お小遣いに不自由しているようでしてね。だから毎月、私の給料日あとに弟に会って二千〜三千円を渡し、いっしょに食事をするようにしていました」

いつも姉と弟は、銀座の阪急ビル前で待ちあわせた。会うたびに由美子が啞然としたのは、弟がガールフレンドをつれてきたことであり、その相手が毎度のように異なっていたことである。

「どうして知りあったの」

と由美子が問いかけると、

「友だちの友だちから紹介されたんだ」

と答えたりする。

ガールフレンドを交えて食事をし、由美子が封筒に入れた小遣いを手渡すと、宿澤

はにっと笑みを浮かべ、

「由美子姉ちゃん、ありがとう」

と言う。それにしても、弟がこれほど幅広く多くの女性とつきあえるとは、その女性運のつよさに姉として感心するしかない。失恋の反動がそうさせるのか。由美子が見るかぎり、宿澤は「間違いなく女性好き」であった。

さらにいえば、母性的なるものへの素朴な憧れがあったのかもしれない。私が取材したかぎりでいえば、宿澤が敬愛してやまない母・英子は良妻賢母の典型のような女性であったし、小学四年生から六年生まで担任をつとめた一人の女性教師にも宿澤は信をおいていた。そして自分を可愛がってくれる姉にも、しばしば電話をかけて世間話などをしていた。

ラグビーの季節ともなると、由美子は秩父宮ラグビー場に出かけ、早稲田の試合を観戦していた。それだけではなく、弟が海外へ遠征するとなると「由美子姉ちゃん、海外旅行のチャンスだよ」という誘いをうけ、会社を休んでイギリス、フランス、スペイン、イタリアへと出かけていた。

後年、宿澤が銀行員になると、逆に、由美子は小遣いやご馳走の供応をしてもらっていた。それは、宿澤が結婚するまでつづいたという。

タイムアップ寸前の屈辱

大学四年生のとき、キャプテンとなった宿澤は、日本選手権の三連覇に懸けた。しかし前段階の大学選手権で松尾雄治を擁する明治大学が立ちふさがった。

昭和四十八年一月六日は、ラグビーにおいて宿澤がこれまでにない無念さを噛みしめた日でもある。キャプテンになったものの、優秀な上級生が卒業したことによって部員が激減し、戦力低下は否めなかった。しかし新入生にたいして「お前たちは上級生を倒してレギュラーになるだけでは駄目なんだ。どうすればチームが勝てるか、いまから考えておけ」と檄を飛ばして指導するなど、春から戦力アップを図ってきた。そうして大学選手権の決勝戦の日を迎えた。

試合は早稲田ペースですすみ、いったんは一二—三とリードを奪ったが、後半に明治が猛反撃をして一二—九にまで追いつかれた。残り十分、明治が怒濤の攻撃を仕掛け、早稲田は防戦一方、耐えるしかなかった。タイムアップの寸前、早稲田のプロップ田原洋公はスコアボードの大時計を見て「あ、また勝った」と思ったという。しかしそのとき明治・松尾雄治のパスが左ウイング・渡辺貫一郎に通り、タッチライン沿いに飛びこんだ。

　その瞬間、タッチジャッジが旗をあげた。早稲田フィフティーンは、渡辺の身体が外へ出ていて、トライが認められなかったと思った。ところがそうではなかった。当時、対戦する双方のチームからタッチジャッジを出しており、そのジャッジは明治の出身だった。母校がトライしたのを見てうれしくなり、思わず万歳をしたのである。

　紛らわしい判定に、早稲田の選手たちはジャッジに抗議をしかけた。だが、それを押しとどめたのが宿澤であった。グラウンド上で選手が悔しそうな素振りを見せると、宿澤は一喝する。

「早稲田らしく、堂々としていろ」

　おそらく、だれよりも悔しかったのは、当の宿澤であろう。

　この試合をスタンドで観戦していた明治の森重隆は言う。

「納得できない田原が抗議しかけると、そこへ宿澤さんが飛んできて〝退け〟と言った。さすがにキャプテンだなぁと感動しましたよ」

　早稲田三連覇の夢は打ち砕かれた。

　試合後、宿澤は後輩の石塚武生にこうつぶやいていた。

「技術だけでは駄目なんだ。心も勝っていなければな。心技ということだ」

この宿澤の言葉は、いまも石塚の耳に残っている。すでにして心のなかで松尾雄治という逸材にはかなわないという思いがあったのかもしれない。

宿澤広朗は体験しつつ、そのつど学んでいく男である。その後、企業社会に身をおいて宿澤はいっそう負けず嫌いを前面に押しだしていくのは「心も勝っていなければ……」という、このときの学びがそうさせたのではないのか。第一章で述べた平尾誠二との他愛のないカラオケ勝負にしても、その顕（あらわ）れといえよう。

それにしても努力によって運を支配してきたが、達成寸前にして運に見放される。この大学選手権の敗北は、宿澤広朗の人生のゆく末をも暗示しているように思われてならない。

第三章

二足のわらじ

人間、運だといいますけれど、必ずそうばかりもいえません。……それだけの、また、甲斐性がなければ。

久保田万太郎『短夜』

それまで住友銀行は、大学時代に運動部で活躍した有名選手を採った経験がない企業であった。唯一の例外は、のちに頭取になった磯田一郎（当時・専務）である。旧制第三高等学校、京都大学でラグビー選手として活躍し、全日本チームの代表にもなった。だがこの磯田とても有名選手だから採用されたのではない。

宿澤広朗は、就職するにあたり、海外勤務に憧れていたこともあって、第一志望に日本航空をおいていた。ところが、ふとしたきっかけから住友銀行に入行することになったのである。

宿澤が大学三年生の十二月五日、早稲田は明治と対戦して勝った。翌日、たまたま住友銀行の人事担当・神田武夫が、喫茶店で試合経過を報じるスポーツ新聞に眼を通すと、スクラムハーフに宿澤の名があり、その下にある《（熊谷高校）》の活字に吸い込まれた。

神田もまた昭和三十六年に熊谷高校を卒業しており、宿澤の八年先輩ということになる。しかし神田は、あの母校から大学ラグビーの花形選手が生まれたとは思えず、これは強豪・熊谷工業高校の間違いではないかと思った。そこで旧知の日本ラグビーフットボール協会の理事・事務局長の小林忠郎に電話をかけて確かめてみた。

「宿澤は熊谷高校の出身ですよ。間違いありません。よろしかったら紹介しましょうか」と小林は言う。神田は宿澤の採用については頭になく、ともあれこの後輩に会ってみたくなった。

神田は銀行会館に宿澤を招いて、母校を話題にしながら食事をした。

「ところで就職はどうするの」

神田が問いかけた。

「JALに入りたいと思っています」

「あの会社にはラグビー部があったかなぁ」

「いやぁ、社会人になってからもラグビー選手をつづけるつもりはありません」

住友銀行にも、そして日本航空にもラグビー部はない。ということは宿澤を採れる可能性がある、と神田は思った。

「銀行に興味はあるの」

「入りたいと思っている企業のひとつです」

「じゃ、考えてみよう」

こうしたやりとりがあって、後日、大学の成績証明書を持参のうえ宿澤に銀行の東京本店を訪れてもらうことにした。

神田の上司である東京本店の人事部の責任者は、宿澤広朗の名を知っていたらしく、「おれにも会わせろ」と言っていた。宿澤と対面したあと、その感想を上司は神田に語った。

「ラグビー選手だが猛々しくない。穏やかで、しっかりした人物のようだな。大学の成績は大丈夫か」

宿澤の成績証明書には〝優〟が二十以上も並び、住友銀行の合格ラインに達していた。この時点で、就職は内定したのも同然であった。

ラグビー部では猛練習をつづけていたことからすると、いつ勉強したのかとだれもが思う。せいぜい午前中の講義に出席する程度でありながらも、教室ではラグビーを忘れ、持ち前の切りかえの速さと集中力によってツボを押さえる学びをしていたのであろう。

磯田一郎に書いた礼状

宿澤広朗の就職が正式に内定すると、専務・磯田一郎のもとに電話が相次いで入った。

「当社のラグビー部でも宿澤君をほしいと言っているが、どうにかならないものですか」

電話をかけてきたのは、リコー、新日鐵、神戸製鋼、栗田工業といったラグビーに力を注いでいる大企業の経営幹部たちである。

「住友銀行への就職は、本人の希望でもありまして……」

と磯田は答えていた。

こうした電話が何度もあると、磯田はラグビー好きなだけに、宿澤広朗という名ラガーを住友銀行が抱えてしまっていいものなのか、銀行員よりラガーとして活躍する場をあたえるほうがいいのではないか、という考えがよぎったりしたらしい。人事部の責任者を呼んで「お前たち、ほんとうに宿澤は銀行員として使えるんだな」と言って、念を押した。

この責任者が人事部にもどってきて、

「おい神田、大丈夫か」

と言う。宿澤にツバをつけた神田武夫としても、このように騒々しいと、心配になってくる。

神田は当時の胸中を語る。

「磯田さんは例外中の例外。当行は有名選手を採って使った経験がないだけに、宿澤君にはうまく勤めてもらいたいと思いましたよ」

宿澤が住友銀行の役に立たないまま燻(くすぶ)っていたり、辞めていったとなれば、神田の責任も問われかねない。神田はなにかと親身になって宿澤を気遣うようになった。

宿澤がしたたかだったのは、社会人になってからはラグビーをするつもりはなかったはずだが、もしも全日本の代表選手に選ばれたならば、しばらくラグビーをつづけ、海外遠征にも参加したいという意思表示をそれとなく磯田一郎ら銀行首脳にしていたことである。磯田としても名選手を掌中におさめたという思いがあったのか、この希望はかなえられることになる。

宿澤が大学四年生の一月五日のこと、磯田は神田に言った。

「明日は早明戦だ。早稲田の寮に鮨を差しいれてやってくれ」

磯田は神田に五万円を手渡した。

いったい、どこの鮨屋から出前をしてもらえばいいのか。ラグビー部の寮に近い住友銀行の支店に尋ねるのがいいのだが、あいにくあの辺りには支店がない。いたしかたなく三鷹支店の支店長に電話をかけて評判の鮨屋を教えてもらった。

神田は鮨を届けたとき、磯田専務からの差しいれなので、あとで礼状を書くようキャプテンでもある宿澤に言い、すでに自分が書きおいた紋切り型の文案までも手渡した。宿澤がとんでもなく無作法な礼状を書けば、磯田から「なんで、こういう学生を採ったのだ。大丈夫か」と叱責されるか、「その程度の奴なのか……」と落胆させることになりかねない。そうなることを神田は恐れた（翌日の早明戦はすでに述べたようにノーサイド寸前に逆転されて、早稲田の全日本三連覇の夢は絶たれた）。

後日、神田は、宿澤が書いた礼状を磯田から見せてもらった。紋切り型の文案を丸写しにするのではなく、宿澤自身の言葉ときれいな文字で文章が綴られていることに感心した。

入社前のこれらの逸話を麻雀にたとえると、すでに配牌の時点で宿澤にはドラ二丁が転がりこんできたようなものである。一丁は、実力者・磯田一郎に目をかけてもらえたこと、もう一丁は磯田の意向を汲むよう幹部行員がそれとなく動きだしたことである。

しかしドラが入りこんだにせよ、それを満貫やハネ満にまで持っていくには、本人の技倆（ぎりょう）と努力が問われる。

努力こそが運を呼ぶ

新入社員は、一ヵ月ほど研修を受けたあと、各職場に配属される。宿澤の処遇をどうするべきか、人事部が考えあぐねていると、

「おれにまかせろ」

と名乗りをあげた支店長がいた。

東京都内の支店のなかでもビッグスリーの一角を占める新橋支店の支店長（取締役）である。この支店長は、学生時代に東大ラグビー部で活躍した。

振りかえって神田は言う。

「配属先で何年か働いたあと、最初の転勤で本部にくる者は、多くが大型店の出身です。この意味において、宿澤君は運がいい」

神田によると、宿澤広朗は「強運の持ち主」であった。あとで述べるように新橋支店への配属につづいて、金融の本場であり、ラグビーの本場でもあるロンドンへの赴任、さらに後年には役員就任など宿澤は同期のなかでも先頭をきって走りつづけた。

優秀な成績で入り、職場でいい仕事をこなしながらも、処遇において恵まれない者が

数多くいるのが銀行という組織でもある。神田は銀行内における「不運」の数々を知る人事担当であるだけに、入行後の宿澤の「強運」に何度も感嘆した。

しかし、「努力が運を支配する」というつよい信念のもと、人知れぬ努力によって宿澤が従来の銀行員とは異なる業績をあげたことも確かな事実である。

仕事に取りくむその姿勢を知るうえで、宿澤広朗の原点ともいうべき本人のみごとな文章がある。大学卒業時に書いて『早稲田学報』（昭和四十八年四月号）に掲載された「楕円形の青春」と題する一文である。筋立てのいい叙述は、端正にして平明であり、若き宿澤の文才をも感じさせる。

《楕円形のラグビーボールは、よく人生の縮図であると言われる。つまりラグビーボールが不規則なバウンドをすることによって、ゲームの勝敗を左右することが、予測のつかない人間の未来にたとえられているのである》

こう書きだされ、つぎに前年（昭和四十七年）の日本選手権の対三菱自工京都戦における劇的な逆転トライについてふれる。その雪の日の試合については前章でもふれたが、終了寸前、センター佐藤秀幸の蹴ったパントが弾まないはずの雪のグラウンドで高く跳ねあがって、右ウイング堀口孝の胸におさまり、逆転トライとなった。それをマスコミが「勝利の女神が早稲田に」「好運のトライ」と報じたことで、その陰にかくれた努力や実力が過小評価されたのではないかと、宿澤は書く。

《およそラグビーにおいては（他のスポーツにも当てはまることであるが）運だけで勝敗が決するものではない。もちろん大きな要因であるにはちがいはない。しかし、相手に勝つためには、たゆみない努力と、それによって生まれた実力と、それらを生かす恵まれた運、この三つがうまく相関した時に一つの大きな力となって相手に打ち勝つことができるのである。そしてそれがまた、自信とか、精神力とか、勝負強さなどといったものを生む源ともなるのである》

あの一瞬のために自分たちはどれほど春先から練習を積みかさねてきたことか。ボールをうまくバウンドさせるだけでなく、よいタイミングで走り、よいポジションに位置する。宿澤によると、それは一年間の練習があってこそ成しとげられたという。

これから企業人になるにあたって、宿澤はこうしたラグビー体験を自身の人生観にまで煮つめていた。

《結局、その努力が報いられて、勝利をつかむことができたのである。（中略）これはスポーツに限らず、人が生きてゆく上でのあらゆることに共通するのではないだろうか。人間には、平等に、いろいろな形でチャンスが与えられる。それがどのような結果を生むかは、その人の不断の努力と、そなわった力によって大きく変わってしま

うのであろう》

そして、宿澤広朗が生涯抱きしめることになった信念で文章を結ぶ。

《これからの人生において、大きなバウンドが何回か歩む道を左右するであろう。その時になって、どうころがるかは計りしれないものがあるけれども、少しでも良い方向にころがるように日々の努力を怠らないようにせねばなるまい》

宿澤の先輩で早大ラグビー部の監督でもあった日比野弘は、この文章を読んで触発され、以後「努力は運を支配する」という言葉を座右の銘にするようになる。

二人だけの秘密練習

「早稲田大学からきました宿澤と申します」

昭和四十八（一九七三）年五月の連休明け、研修をおえた宿澤広朗は、高卒をふくめ十名ほどの新人にまじって新橋支店で挨拶をした。

「新人のなかで、いちばん小さい……」

というのが、一年先輩の中村金郎（現・鹿島建設常勤監査役）の第一印象である。

いかにも体育会系の出身者らしく声を張りあげるでもなく、名声を背にして気負うのでもない。「いたって普通」であり、その姿を見て「あれが宿澤かぁ……」とつぶやく行内のラグビー好きもいた。

貸付係として中村と宿澤は机を並べた。中村は自他ともにみとめる「大酒飲み」であるが、後輩の宿澤を誘って、飲みにいくようなことはほとんどなかった。というのも宿澤は独身寮に入らず、吹上町の自宅から通勤し、どんなに夜遅く帰宅しても、必ずランニングをしていると聞いていたからである。宿澤は、すでに大学時代から日本代表選手に選ばれていた。ならばこそ通勤に便利な独身寮に住むのがいいと思われる。しかし同僚が寮でたのしく騒いでいるのに、夜更けに自分ひとり鍛錬するのは、和やかな雰囲気に水を差すのではないかと、宿澤は気遣ったようである。

宿澤に連夜のランニングを命じたのは、だれあろう母・英子であった。英子は「とにかく走りなさい」と命じ、宿澤はこの言葉に素直に従った。この事実はごく親しい者にしか宿澤は明かしていない。ほかの日本代表は所属する企業や大学のラグビー部で午後になると練習に励む。それにくらべると宿澤は、毎朝八時には出社し、夕刻六時まで働き、一時間半かけて自宅に帰りつく。それでは疲れはて、練習量も足りなくなるのではないのか。心配して中村が尋ねると、宿澤は「大丈夫ですよ」と言っていた。さりげない応答に、口には出さない宿澤の覚悟と努力を中村は思いやった。

「ラグビーに邁進するのであれば、ほかの企業に入っていた。自分は住友銀行でやっていける人間でありたい。この思いが宿澤にはつよくあったのでしょうね」

と中村は言う。

当時の銀行員は土曜日も半日仕事をしていた。そのあと中村や宿澤たちは連れだって、銀座の虎屋に出かける。

「一週間の疲れが溜まっているから、甘いものが食べたくなるのですよ。ぼくらは〝フルコース〟と呼んで、トコロテンとお汁粉の両方を味わっていました」

しかし代表戦が迫ってくると「フルコース」をあきらめ、宿澤は練習に駆けつけなければならない。

宿澤が入行してしばらくすると、住友銀行にラグビー部が創設された。しかし対外試合をするのでもなく、その実体は定かでない。この幻のラグビー部はあくまでも企業PRのためにあった。新聞などで日本代表メンバーが報じられるとき、選手名の下に（ ）をつけて所属チームが添えられる。たとえば井沢（リコー）、井口（栗田工業）、植山（早大）といった具合に。ところが宿澤については（早大出）である。住友銀行には日本ラグビーフットボール協会に登録したラグビー部がないゆえに《（住友銀行）》とならないのである。行内から「せっかくの宣伝の機会を無駄にすることもあるまい」という声があがり、監督に新橋支店長、連絡係に神田武夫を据え、協会にも届け出て、急造の住友銀行ラグビー部が名乗りをあげたのである。以後、宿澤の名前の下に銀行名が添えられるようになった。いささかセコい創部の動機ではあるが、これによって宿澤もそれほど気兼ねすることなく、仕事を休んで海外にも遠征できたのである。

「中村さん、時間ある？　ちょっとつきあってよ」

中村金郎は宿澤から誘われて、練馬区・石神井公園の近くにある住友のグラウンドに何度か出かけた。

「いいですか、ぼくが〝ヒール〟と言ったら、後ろにボールを蹴りだしてください」

中村が蹴ったボールを宿澤は拾い、縦横に駆けだす。こうして想像力をかきたて、独自のスクラムハーフの練習をつづけていた。

入行して半年後の秋、日本代表の一員として、宿澤はイギリスとフランスに遠征した。その思い出を日本ラグビーフットボール協会のメンバーズクラブサイト「桜を背負った男たち」(平成十六年九月)で、こう綴っている。

《聖地アームズパーク（ウエールズ）、トゥイッケナムでの両テストマッチに出場し、スタジアムと完璧な芝のグラウンドに感激した。この両メッカでプレーした初め

ての日本代表チームの一員であったことは、ラグビープレーヤーとしての誇りだと思っている》

この遠征を報じる当時の新聞を見ると、宿澤の名前の下に《(住友銀行)》とある。銀行内ラグビー部の内情を知る者たちは苦笑したことであろう。

入行二年目の五月にはニュージーランドに遠征した。このとき宿澤は控えの選手であった。しかし正スクラムハーフの今里良三(近鉄)が負傷し、宿澤は第十一戦に出場した。その宿澤が前半の終了間際に頭部に裂傷を負った。

この試合を報知新聞記者として現地で取材していた柏英樹は言う。

「もうリザーブがいないので、しかたなく後半はフォワードの選手で代替しようとしていました。ところが宿澤君が〝待ってください、ぼくやります〟と言う。麻酔なしで四針縫い、そのまま出場しました。みずからトライして、試合も勝った(二四—二一)。ニュージーランドに初勝利ですよ」

ニュージーランドチームは学生選抜であるが、最強軍団オールブラックスの予備軍的な存在でもあり、おおいに価値のある勝利であった。先のサイトに寄せた一文で、宿澤はこの試合における頭部裂傷の一件にもふれて《その時は興奮していたので痛さは我慢できたのだろうが、今思うとぞっとする》と書いている。

新卒を「ヘッドロック」

ラグビーにおける宿澤人気は、いささかではあるが、就職シーズンを迎えて学生たちの関心を住友銀行にむけさせた。

入行して四年目、宿澤は出身校・早稲田大学の学生を取りこむ役目をおおせつかった。

「住友銀行の企業訪問をすると、宿澤さんのサインがもらえる。こんな情報がゼミで広まりましてね。ぼくもミーハーのノリで、住友銀行に行きましたよ」

早稲田大学商学部で会計学を専攻していた清水喜彦(現・三井住友銀行執行役員／法人企業統括部長)は、就職活動解禁となった十月一日(当時)に住友銀行へ出かけていった。就職先として銀行を狙っていたものの、関東地方の出身なので、関西系の住友銀行にはそれほど執心していなかった。あくまでも就職活動に弾みをつけるための企業訪問であり、宿澤のサインをもらうと、その後はなんら意思表示をしないままでいた。

数日後、宿澤から電話があって、受話器から怒りの声が聞こえる。

「お前、失礼じゃないか。おれのサインをせしめて、そのあと音沙汰なしとは、いったいどういうことなのだ。明日こいよ」

体育会系の先輩が後輩を叱りつけるような口調である。駆けつけると、たちまち手荒い「ヘッドロック」(清水の言葉)が待ちうけていた。

清水は言う。

「呼びつけておきながら、半日近く待たせる。とんでもない銀行だなぁと思いましたよ。あとでわかったのですが、この日、他行の会社説明会があったので出かけないよう、拘束していたみたいでしてね。ようやく宿澤さんが現れて〝ほかの銀行に入るな、断れ〟と言うんですよ」

こうして宿澤は強引に七人の早大生を確保したという。どのような役目であれ、おおせつかると邁進する。それもまた宿澤ならではの「努力」の顕れであった。後年、頭取になった西川善文は「宿澤が採った後輩たちは、優秀ですよ」と私に語っていた。能力を見抜く確かな眼力があるのか、それとも宿澤のような先輩がいると、おのずと頑張らざるをえないのか。

それにしても自分のサインをもらった後輩学生が音沙汰がないとなると「失礼じゃないか」と怒るとは、宿澤はプライドを傷つけられたような気になったのであろう。

新橋支店の後輩行員は言う。

「宿澤さんはプライドの高いひとです。それまでスキーをしたことがないというので、私が志賀高原に誘ったことがあります。運動神経は抜群のはずなのに、リフトに乗るときうまくタイミングがあわずに転倒し、スキー板が外れてしまった。宿澤さんとしては、みっともない姿をさらしたと思ったのでしょうね。以来、スキーをしていないはずです」

リフトにうまく乗れないのは、宿澤にかぎらず多くの初心者が体験することである。それでも宿澤からすると、自身の惨めさに我慢がならなかったのであろう。

「ロンドンで待っている」

宿澤は女子行員の人気をあつめた。

「こそこそとではなく堂々と、いろいろな女性と食事に出かけていましたね。異なる女性をつれて何度も訪れるので、ある銀座のお店の料理人は〝扶養家族が多いですね〟と言って、からかっていました」

という証言もある。

宿澤は、貸付係として半年間いっしょに仕事をした女子行員とのちに結ばれることになる。その女性は、そもそも大学卒業後に英語圏の国に留学するつもりでいたが、大学四年生のとき母親が亡くなり、住友銀行に就職した。しかし留学の夢を棄てきれず、イギリス遠征をした宿澤に「留学先はアメリカとイギリスのどちらがいい？」と尋ねたりもしている。宿澤は「イギリスだろうね。治安がいいから」と答えた。あとにして思えば、宿澤の回答にはふくむところがあったように思われてならない。その女性が留学準備をすすめていると、先に宿澤のロンドン支店勤務が決まったのである。

海外駐在については、入行前から希望を述べており、磯田一郎にも伝わっていた。磯田が海外勤務を指示したかどうかは定かでないが、宿澤―磯田の意向を汲んだ人事が発令されたようである。

昭和五十二（一九七七）年十二月、宿澤は羽田空港から旅立つにあたって、見送りにきた一人ひとりに言葉をかけた。

そのなかの一人の女性には小声でこう言い残した。

「ロンドンで待っているから」

それから四ヵ月後、かねてからの計画どおり女性は退職して、ロンドンへとむかった。

宿澤広朗は国際派の銀行員をめざした。

その前途に待ちうけていたのは、プラザ合意による急激な円高・ドル安、ニューヨーク株式市場が過去最大の下落を記録するブラックマンデー、湾岸戦争による原油価格の大変動、バブル経済の崩壊……等々、金融市場の大激震であった。

第四章
全戦全勝のディーラー

人間てものはね、時には自分の運命を支配することもできるのだ。ねえ、ブルータス、ぼくらがうだつの上らないのはね、なにも運勢が悪いんじゃない、僕ら自身が悪いんだ。

シェイクスピア『ジュリアス・シーザー』

銀行にかぎらず企業における昇進競争は、活力の源泉とされてきた。とりわけ住友銀行は学閥らしきものがないこともあって、前任者と比較するきびしい評価が上司や人事部からくだされ、それまで以上の成果をあげることが期待される。なによりも行員たちが恐れるのは、人事考課において×（罰点）がつけられることであった。ひとつの×を帳消しにするには、最低半年（半期）を必要とするという。宿澤広朗にしても、ラグビー選手としての活躍によって麻雀でいうドラがついたにせよ、安穏としていれば×を食らうことになりかねない。

宿澤が住友銀行ロンドン支店に勤務するようになったのは昭和五十二年十二月、二十七歳のときである。現地駐在は七年半におよんでいる。

赴任してまもなく、東京本店の本部にいる先輩社員のもとに宿澤から近況を伝える手紙が届いた。内容は「元気で仕事に励んでいます」ということにつきるのだが、同封された写真を見て、先輩社員は複雑な心境になったという。

写真には、スポーツカータイプの真っ赤なトライアンフTR7の前で笑みをうかべる宿澤が写り、裏面の添え書きに《これが僕の愛車です》とあった。渡英すると、すぐさま派手な高級車を購入したらしい。

当時を思いうかべて、その先輩社員は言う。

「銀行には、上司よりいいクルマに乗らないという不文律のようなものがありましてね。こんなことをすると、上の者からにらまれやしないか。しかし現地に行けば、そこに溶けこむということで、これでいいのかなぁ……と、あれこれ思いましたよ」

私生活におけるふるまいが目だちすぎると、支店長ら上司の不興を買うのではないかという懸念が先輩社員の頭によぎった。

銀行におけるマイカーの〝掟〟は、住友銀行だけにかぎったことではないらしい。べつの都市銀行に勤務した作家の横田濱夫は、テリー伊藤との対談で《支店内ではだれが申し合わせたわけでもないのに、車の序列が決まっている。例えば支店長がクラウンだったら、次長はマークⅡ、課長はコロナやブルーバード、課長代理はサニーやカローラ、そして、ヒラはもうちょっと落ちて……》と冗談っぽく語っている（『お笑い　銀行さいごの日』角川文庫）。

そもそも宿澤は、こうした旧弊ともいうべき「序列」には頓着しない男であった。ラグビーでも仕事でも「勝つ」ことに第一義をおけば、そのような仕事にかかわりのないルールなど瑣末なことであったのだろう。

後年、日本ラグビーフットボール協会の理事として、日本ラグビー改革案をぶちあげたときも、長老たちを前にして臆することなく正論を吐き、一部の幹部から「礼を失する」と陰口を叩かれたりもした。銀行の執行役員に就任したときも、ほかの役員が白いシャツに地味な背広を着ているなかで、ひとり宿澤は明るい色の背広に派手めのネクタイ、カラーワイシャツを着て、いっこうにひるむことがなかった。

宿澤がロンドン支店で闊達にふるまえた理由をさらにあげると、当時の支店長が豪気な人物で、酸いも甘いも嚙み分けていたからでもある。

そのころの駐在員の一人は語る。

「支店長は、革ジャン姿で夕刻に出勤してきて、判こを押す。そのあとは支店の幹部を誘って麻雀です。麻雀がおわると、つづいてクラブで飲む。勘定は割り勘という点がなかなかしっかりしておりましてね。私は朝方四時に帰宅して、ほとんど睡眠をとらずに出社したことが何度かあります」

宿澤がロンドン支店に勤務して四ヵ月後、新橋支店の元同僚で、のちに妻となる洋子も留学のため渡英した。このとき宿澤が真っ赤なトライアンフＴＲ７でヒースロー空港に出迎えたので、洋子は度肝を抜かれた。

「ラグビー元日本代表」の強み

ザ・シティ・オブ・ロンドン、略称「シティ」はテムズ川の北岸にあって、一千年近い歴史を誇る金融街である。皇居の二倍ほどのエリアに重量感たっぷりの骨董品のようなビルが建ちならび、英系・非英系の金融機関（当時・六百社ほど）が、マネーを眠らせまいとして少しでも収益をあげることにしのぎを削ってきた。

宿澤のロンドン時代の上司である奥山俊一（のち三井住友銀行専務取締役、現・日本総合研究所代表取締役会長）は言う。

「あのころロンドン支店では、二十名ほどの日本人が二百名の現地採用者を使っていたでしょうか。現地の人たちをうまく動かし、モラル高く仕事をやってもらうのが、海外支店を経営する要でもあります。宿澤君はよくやってくれましたよ」

日本人オフィサー（幹部社員）は現地のクラーク（職員）たちが集うパブでは飲まないといわれるが、宿澤はそうではなかった。かれらイギリス人からすると子どものような背丈でありながらも、物怖じすることなくパブで飲み、まだまだ達者とはいえない英語でしゃべる。英語は出発前の半年間、東京・四谷の日米会話学院で学んだにすぎない。先述の先輩社員に宛てた手紙にも、クラークたちを自宅に呼んだり、休日はいっしょに遊んだりしていると書かれていた。

現地採用者たちとの融和を図るため、時間外にたのしくすごそうと、ロンドン支店では「スポーツ＆コミッティ」を設けてサークル活動をうながした。従業員の家族も交えて運動会をひらくときなどは、宿澤がリーダーシップを発揮する。競走は長距離から短距離まであり、さらには砲丸投げや競歩までも盛りこまれた大会で、宿澤は「スタア的な存在」でもあった。

宿澤がラグビー選手であったことは、イギリスではおおいに効を奏した。この国では、いずこの国の者であれラグビー選手には親しみをもって接してくれるし、ましてや日本代表ともなると敬意を表される。かつて日本代表としてイギリスで遠征試合をおこなったときは、ＢＢＣ放送が「小さなスクラムハーフ」として紹介し、そのことを記憶している職員もいた。パブで歓談していても、ラグビーのおかげで、ほかの日本人オフィサーにない関心をあつめることができたのである。

「職場ではペイペイですが、会社の外では上座におかれるんですよ」

と宿澤は、日本から訪れたラグビー関係者に語ったりもしている。

渡英して約一年半後の夏、宿澤はかねてから交際していた洋子とクイーンズ・チャペル・オブ・ザ・サボイで結婚式を挙げた。住友銀行がシティに進出して当時六十七年になっていたが、現地で挙式した日本人オフィサーは、宿澤が最初であったろう。

それから二十七年後、宿澤広朗の訃報がロンドンに届くと、当時ローン事務を担当していた女性クラークは、宿澤の結婚式に出席した思い出を手紙に綴り、奥山俊一に送った。その文面から、現地採用者たちが宿澤を慕っていた往時が蘇ったという。

「シ団」の組成

宿澤はロンドン支店で一年ほど貸付事務をつとめたあと、シンジケートローンを担当するようになる。

イギリスの企業やフランスの自治体がシティで巨額の資金調達をするばあい、融資する側の金融機関はリスクを分散するために通称「シ団」と呼ばれるシンジケート団を組成する。そのとき金融機関がより多くの手数料を得るためには胴元ともいうべき主幹事をつとめるのがいい。それには案件をみずから見つけ、開拓することである。

これこそがシンジケートローン担当者にとって旨味のある仕事といえよう。だが、そうして主幹事になっても、ほかの金融機関が「シ団」組成の呼びかけに乗ってこなければ、大恥をかき、一身にリスクを背負うことにもなる。

その当時、シティで「シ団」組成を担当した日系証券会社の管理職は言う。

「日系の金融機関は、碧い眼の客（融資先）に食いこむのがまだまだ得意じゃなかった。おのずと欧州の辺境か周辺の国々に融資を持ちかけることになってしまうのですよ。それにシティには連綿とつづく人脈があって、なかなか主幹事がとれない。住友銀行といえども、そうだったと思いますよ」

最初に宿澤が食いこんだのは、ポルトガルである。当時は外貨不足の国であり、外貨金融を必要としていることに眼をつけた。

「宿澤君は斬新な手法で、住友ロンドン支店の収入源として貢献する働きをしてくれましたよ」

と奥山は言う。

宿澤はポルトガルの国営石油会社に深く入りこんでいった。この会社はイランから原油を輸入し、精製して販売している。だが原油代金を支払うにも外貨不足のため四苦八苦し、精製・販売すると、すぐさまその収入を原油代金にまわさねばならなかった。そこで宿澤が考えたのは、タンカー一隻ごとにファイナンスをすることである。一隻分の輸入投資にたいして「シ団」を組成し、販売した時点で手数料をもらうのである。

「一隻分ですから巨額とはいえず、私どもの取り分は少ないが、短期のファイナンスなので回転が速い。けっこういいビジネスになります」

チャンスをつかまえて成果にする宿澤の能力は、奥山の眼にたのもしく映った。宿澤は足しげくポルトガルへと赴き、ときには調査部の担当者をつれていくなど、緻密に仕事をすすめていった（ポルトガルで開発した手法は、のちにスペインでも活用された）。

そのころ長男が生まれたが、宿澤はひっきりなしにポルトガルへと出かけていた。つづいて担当したのがアイルランドである。当時、この国の国家財政も危機に瀕し、EC（現・EU）のなかでも低い地位におかれていた。

宿澤にとってここでも幸いしたのが「ラガー」であったことである。アイルランドもまたラグビーの宗主国であり、元日本代表ともなると一目も二目もおかれ、公的機関の要人たちも胸襟をひらいてくれたようである。こうした人脈から、この国が年間にどれほどの借金を返済しなければならないかを宿澤は把握し、国債発行そのものをマネージメントするようになった。

《現在、僕はスペインを担当しております。政府や公的機関に出入りして、起債を促

しております》

東京の本部にいる先輩社員は、この宿澤の手紙をうけとったあと、つぎに届いた手紙に《為替ディーラー》になったとあって、いささか驚いた。

「運動選手なら向いている」

ロンドン支店に駐在して四年後、宿澤は為替ディーリングの業務に就いた。それも、ディーラーのなかでも稼ぎ頭がまかされるというスポット売買のドル／円をいきなり担当している。以後、ドルを安く買って高く売り、サヤを稼ぐ業務に専念することになる。

現在はコンピュータの通信機能が発達し、モニターをにらみながら売り・買いのキーを叩くという、物静かな作業がおこなわれている。だが、当時はそうではなかった。

電話回線につながれた卓上の小型スピーカーから、

「八十、九十」

という声が流れてくる。通称「マネーブローカー」と呼ばれ、ドル／円の売買を仲介する短資会社の担当者の声である。スピードを競うこの業界では、極度に言葉を省略する。当時の相場でわかりやすく説明すると「只今、ドルのもっとも高い買い値は二百九十円八十銭です。もっとも安い売り値は二百九十円九十銭です。お買いになるか、お売りになるか。いかがでしょうか」という呼びかけである。

これにたいして為替ディーラーは、買いであれば「マイン」「テークン」、売りであれば「ユアーズ」「ギブン」などと、これまた電話回線につながったマイクをONにして、瞬時に叫ぶ。「スリー（三本）、マイン」であれば、三百万ドルを買ったということであり、「ツー（二本）、ギブン」であれば二百万ドルを売ったということになる。当時、一本といえば百万ドルであった（その後、一本が一億ドルにまで上昇している）。

十秒もあれば成立する取引を、変動する相場をにらみながら一日に何回もおこなうのが為替ディーラーの仕事である。ディーリングルームでは担当者がいつも声を嗄らしていた。

それにしても、なぜ宿澤は為替ディーラーに選ばれたのか。

ドル／円の上下動に乗じて利ザヤを稼ぐというこの業務は、一九七一年八月のニクソンショック（平価切り下げ）によって、それまで一ドル＝三百六十円で固定されていたドルの相場が変動制に移行したことにより、必要とされるようになった。業務の歴史は浅く、行内には経験者が少ない。どのような資質を持つ銀行員が適しているのか、幹部たちも見定めかねていた。

そのころ東京の本部で人事を担当していた神田武夫は言う。

「当時の国際企画部長は〝ディーラーはだれだっていいのだが、入社時の履歴書に趣味・麻雀と書いてある者はいないか〟と言っておりましてね。ギャンブルにつよい者がいいということでしょうか。一応、調べてはみましたが、そんなこと履歴書に書く者はいやしませんよ」

当の宿澤は、自分が為替ディーラーに取りたてられた理由を、後年回想して《ディーリング業務を強化しようとした樋口廣太郎副頭取（のちアサヒビール社長）が「運動選手なら向いているだろう」と考えられたのかもしれません》と語っている（『日本経済新聞』平成十二年七月五日付夕刊）。すばしっこさが求められるスクラムハーフであったことにより、反射神経ありと見なされ、為替ディーラーに登用されたようである。

しかし取材をすすめていくと、為替ディーラーとしての宿澤の能力は、反射神経よりもべつの面にあった。すでに述べたように、ラグビーでライバル明治大学や社会人チームと戦うにあたって、宿澤は早稲田ならではの勝ち方をイメージした。これと同様に「売った」「買った」の世界においても、サラリーマンディーラーならではの勝ち方を追い求め、その方程式を掴もうとする姿が浮かびあがってくるのである。

パブで〝世論〟形成

「宿澤君は〝全戦全勝型〟のディーラーでした」

と上司の奥山俊一は言う。

まだ一九八〇年代の前半であり、巨額の利ザヤを稼ぎだす「(年収)百万ドルプレーヤー」などプロフェッショナルのディーラーが頭角を現していない時代である。宿澤は見様見真似でディーリングのイロハを憶えた。奥山によると宿澤は「パブで碧い眼のディーラーたちとわいわいやりながら、仲間をふやし、情報もふやしていった」という。

パブで宿澤が求めたのは、通貨の変動にまつわる政治・経済の情報だけではなかったと私は思う。当時の為替ディーラーを私は数多く取材しているが、痛感したのは、彼らがときには大損をするような極限状況におかれ、孤独な戦いを強いられていたことである。その胸中を理解できる者は、銀行という大組織には皆無に近く、ライバルであるはずの他行のディーラーと連帯感を深めていた。

さらにいえば、ディーラー同士が情報交換をして〝世論〟を形成していくのも大切な仕事であった。為替ディーリングは、美人コンテストの投票にたとえられる。自分の好みの美人に投票するのではなく、ほかの審査員の好みも知ったうえで大勢に乗じるのが得策なのである。

これとおなじく、外国為替市場の上下動は、必ずしも国際政治・経済の動向や経済理論に則っているのではない。外国為替市場を飛びかう資金量は、現在とはくらべものにならないほど少なく、ディーラーたちが情報交換をして形成した〝世論〟が、かなり大きく情勢を左右していた。英ポンドが安くなると「ラグビーのスコットランド代表がテストマッチで負けたからね」と言われたりする。この冗談があながち的外れでなかったりもするのである。ポルトガルやアイルランドでシンジケートローンを担当したときもそうであったが、為替ディーラーになってから、宿澤は「ヒトこそ情報」という思いをいっそうつよくしたにちがいない。

では、宿澤広朗が奥山の言う「全戦全勝型」のディーラーであったとは、どういうことなのか。

上がると思って買ったドルが下がり、損をすることもある。当然ながら、勝つ日もあれば負ける日もある。いかなる大横綱であっても、全勝を一年間貫くのは不可能であろう。

のちに宿澤自身も《ディーラーの仕事は日々収益が出ますから、十万でも二十万でも損した日はやはり非常に悔しいですね。気分が悪いので、二日続けて損しないようにしてますけど……。本当にグッタリしちゃって、試合に負けたときのような感じです。勝ち負けへのこだわりが非常に強いんですね。運動選手は負けず嫌いだと思います》と語っている（『日本経済新聞』昭和六十一年七月十三日付）。

しかし奥山が記憶するかぎりでは、一ヵ月単位で損得勘定をすると、宿澤が負けて沈んだ月は一度もなかったのである。野球の選手にたとえると、たとえ四打席ノーヒットの日があっても、一ヵ月の打率に均らせば、たえず三割以上を確実に打っていたのである。

サラリーマンとしての勝ち方

宿澤のディーリングの特徴は「損切り」が速いことであった。麻雀にたとえると、わかりやすい。負けが込んでくると、多くの者たちは失点を挽回しようとついつい大勝負に出たりする。そうすると深みにはまり、さらに大損を被ることになりかねない。だが宿澤はそうではなく、あっさりとその日の勝負をあきらめて失点を清算し、翌日に期すようにしていたのである。

この宿澤のやり方について、ニクソンショックの直後から、協和銀行（現・りそな銀行）やクレディ・スイス銀行東京支店で為替ディーリングにたずさわってきたベテランの香川彰男（現・USSフォレックス代表取締役）に解説してもらった。

「私は三十五年間やってきたが、ディーリングで儲けるなによりの戦術は〝プリペア・フォア・ザ・ワースト〟であると思いいたりました。つねに最悪の事態を念頭において立ちむかう。そうすると、損切りもしなくちゃならない。しかし負けたくないという感情にとらわれてそれが実際にはなかなかできない。損切りが上手いということは、思いきりがよく、頭の切りかえが速いということです」

この才能もまたスクラムハーフを体験したことによって磨かれたといえよう。ラグビーに励みながら、学業も優秀だったように、切りかえの速さは、宿澤の身上でもあった。だからこそ損切りも上手かったのだろう。

しかし当然ながら宿澤とは異なる姿勢で勝負に挑むディーラーもいた。

おなじ時期、富士銀行（現・みずほ銀行）のロンドン支店でドル／円を担当した斉藤誠（現・メイフェア・インターナショナル・インヴェスティング代表取締役社長）は言う。

「あの当時、銀行の海外支店が稼ぐとしたら、外為のディーリングでした。だれだって収益をあげたい。おのずと大きな勝負に出て、オーバーナイト（夜通し）で持ち高（ポジション）を抱えていました。私などは〝オーバーナイトでポジションを持たなきゃ男じゃない〟と言っていたほどです」

為替ディーリングは、まずいくばくかのドルを売るか、買うかして持ち高をつくることからはじまる。買ったドルが値上がりするのを待ちつづけるうちに夜となることもある。それでも値上がりしなければ、オーバーナイトで抱えつづける。期待どおりに値上がりすればいいが、その逆もあって一夜明けると地獄に突き落とされているかもしれない。こうしたリスクを背負ってこそ勝負ができるというのが斉藤の考えである。

斉藤は地獄をみることはなかったが、そのころ第一勧銀（現・みずほ銀行）シンガポール支店の為替ディーラーが過去四年間にわたって「九十七億円」にのぼる損失を出すという騒ぎがあった（一九八二年）。かつて私はこのディーラー（銀行員）にインタビューをして、底の知れぬ為替ディーリングの世界を知らされた。その後も三井物産ロンドン支店における「四十七億円」の損失（八三年）、富士銀行ニューヨーク支店における「百十五億円」の損失（八四年）が報じられた。これらはいずれも宿澤がシティで「売った」「買った」をしているのと同時期におこっているのである。

　宿澤広朗は、大儲けもしないが大損もしていない。安定して勝ちつづけるという、サラリーマンディーラーとしての勝ち方を会得していたのである。

　それにしても、よくぞディーリングルームの熱気に流されなかったものである。岡部芳郎は、住友銀行の一年先輩で、宿澤より先にドル／円のディーラーとしてロンドン支店で活躍していた。大きく持ち高（ポジション）を張り、その名はシティでも知れわたっていた。碧い眼の金融マンたちの投票によって、現地の専門誌では日本人初の「ベスト・ディーラー」に選出されたこともある。こういう先輩がいれば、おのずと宿澤のディーリングにも力が入るのではないかと思われる。

　岡部は言う。

「私が東京にもどされたこともあって、宿澤君といっしょに仕事をしたのはわずかな期間でしかない。先輩だからといって、私がディーリングを教えることもなかったですね。だって、あれは〝瞬間芸〟ですから、教えているうちに事態が進行してしまう。芸風はそれぞれに異なります。私が一匹狼とすれば、かれは組織中心に動いていました。ラグビーに〝オール・フォア・ワン、ワン・フォア・オール〟という言葉があるそうですが、それを地でいくようでした」

みずからを「一匹狼」と言う岡部は、一足先に東京に帰任すると、国際為替部で対顧客取引部門のチーフをつとめた。そのあと、三十七歳のとき住友銀行から外に転じ、いくつかの外資系金融で為替ディーラーとして活躍した。しかしバブル経済が崩壊して東京外国為替市場が停滞すると、リストラにあった。

「もう、私を求める外銀がないと身をもって知り、泣いたこともありましたよ」

現在はアリコジャパンの代理店を営み、その気さえあれば何歳までも働ける環境をみずからつくりあげた。

宿澤の手堅さは、シティにおけるほかの邦銀ディーラーに知られるようになった。

斉藤誠は語る。

「いつも夕刻五時半ごろともなると、たとえば〝五・七五本〟という端数つきの本数で売った、買ったをしている者がいる。普通の売買は〝五本〟とか〝六本〟とかの端数なしなんですけどね。妙ともいえるディーリングをしていたのが宿澤さんでして、その日の持ち高（ポジション）をすべて処理して帰宅していたのですよ。いい格好をしたがるディーラーであれば恥じるようなことを、かれは悠然としてやる。几帳面というか、そういう意味でかれは大物ですよ。ディーラーは臆病じゃなきゃならない。そのことも知っていましたね」

宿澤は上司の奥山を前にして言っていた。

「奥山さん、ぼくはディーリングでは絶対に負けませんよ」

ある外交官の死

週末ともなると、宿澤は仕事からラグビーにモードを切りかえる。

家族づれで早朝から愛車を飛ばしてロンドン市内から二百キロメートルほど離れたウェールズへとむかい、テストマッチや地元のクラブチームの試合などを観戦する。宿澤が「私は日本のナショナルチームにいた」と言うと、名門から田舎町にある無名のラグビーチームまでが歓迎し、クラブハウスに迎え、だれかれとなく話しかけてくれた。

さらには「ロンドンジャパニーズ」(通称ロンジャパ)にも顔を出す。この駐英日本人による親睦ラグビーチームは、一九七六年に当時リコーの水谷眞(現・日本ラグビーフットボール協会理事）らが中心になって創設した。

慶応大学ラグビー部ＯＢの倉本博光は、ロンドン駐在時代、誘われてこのチームに入った。

「ラグビー経験者だけでは人数が足りず、初心者もチームにくわえていました。試合をやれば負けてばかり、でも心底ラグビーをたのしむことができました。毎週、練習をしていたのですが、常時参加するのは五、六人といったところでしょうか。時折、宿澤さんも子どもづれできて、プレーしていましたね」

お遊びのチームではあるが、ときにはとんでもない豪華メンバーがくわわることがあった。宿澤、石塚武生、平尾誠二といった日本代表であった。留学などによって参加する者もいたのである。

「ロンドンではラグビーがたのしいものになった」

宿澤はいろいろな場所で語っている。それまで高校、大学、全日本……と、グラウンドではたのしむ余裕もなく、さながら求道者のようにラグビーに取りくんできたということである。

宿澤広朗が為替ディーリングに挑みはじめたころ、ある日突然、早稲田大学ラグビー部の後輩から電話があった。

「ロンドンにきております」

「そうか、懐かしいなぁ……」

渡英する直前まで、宿澤は新橋支店で働きながら、早大ラグビー部のバックス担当コーチも引きうけていた。コーチとしての最後の年、その後輩が入部してきた。ラグビー部では数少ない政経学部に籍をおきながら、バックスとして体軀に恵まれ、素質もあると宿澤は見ていた。ところが宿澤がロンドンに発つと、翌年、その後輩は退部した。退部の理由は外交官試験をうけるためと知らされた。

この後輩が外務省に入省して、オックスフォード大学に留学し、イギリスにやってきたというのである。宿澤は、この外交官のタマゴと家族ぐるみのつきあいをするようになった。

それから歳月が流れ、かれこれ二十年後、この外交官が新聞の第一面に顔写真入りで取りあげられた。

《イラク北部で（十一月）29日、四輪駆動車で移動中の奥克彦・在英大使館参事官（45）、井ノ上正盛・在イラク大使館3等書記官（30）、イラク人運転手が襲撃され、殺害された。3月のイラク戦争開始以降、日本人に死者が出たのは初めて。福田官房

長官は「テロの可能性が強い」との見方を示した》(『朝日新聞』平成十五年十二月一日付）

　この報道にふれて、奥克彦とすごしたロンドンの日々が、宿澤の脳裡に蘇ったにちがいない。家族づれでのラグビー観戦、ロンドンジャパニーズの親睦試合、クラブハウスでの交流、ホームパーティーの愉快な会話……等々。

　それにしても駐英大使館勤務の奥克彦がなぜイラクにいたのか。新聞は《外務省によると、２人はイラク戦争の大規模戦闘が終わる前に、復興支援のために米英主導の占領当局に派遣されていた。２人は29、30の両日、ティクリートで開かれる予定だった北部イラク支援会議に出席するため、29日午前10時にバグダッドの大使館を出発していた》と伝えている。

　亡くなるつい数日前、宿澤も奥克彦から《この土曜日（十一月二十九日）からイラク戦後の復興計画立案に現地で参加することになりました》というメールをもらっていた。宿澤からすると「復興支援」という言葉には、若き日の奥克彦の強靱（きょうじん）な志が、そのまま反映されているように思われた。

リーダーはいかにして育つのか

訃報がもたらされたとき、三井住友銀行の常務執行役員であった宿澤は、奥克彦の追悼文を月刊誌『外交フォーラム』（平成十六年三月号）に綴った。その一文は、奥を語りながら底流として宿澤自身を語り、イギリスにおけるみずからの体験を総括しているように私には思われてならない。

《（前略）外交官をめざすという大きな目的のためとはいえ、やはり好きなラグビー、それも早稲田大学ラグビー部を退部したことが、彼にとっては苦渋の決断、ある種の挫折であったのかもしれない。その感情が消えるまで待つ、または長い間引きずるというのが大多数の思考パターンである。奥は違った。二つ目の目標を達成するために〝挫折〟をがんばるバネに変えるポジティブな活力を持っていた。英国での、オックスフォード大学での二年間は、彼にとっていったん失ったものを取り返す二年間であったように思える》

早稲田大学のラグビー部では、文武両道がかなわず〝挫折〟したが、外務省から留学生としてオックスフォード大学に派遣された奥克彦は、ラグビー部に入り、〝ブルー〟をめざした。オックスフォード大において〝ブルー〟は、スポーツクラブの代表選手を意味する。青春時代の忘れ物を取りもどしにいった奥のひたむきな姿に、宿澤は共感をおぼえたし、新入行員時代に「銀行員」と「ラガー」という二兎を追った自分の姿も重ねあわせたのではなかったのか。

《オックスフォード・ケンブリッジを中心とした英国の大学の根本的な教育理念は、「リーダー教育」もしくは「リーダー養成」である。学術・文化・スポーツを通じてリーダーを育てる、リーダーとして学ぶ場なのである。無論その考えは各国普遍的なのであろうが、スポーツの分野においては特に英国は明快である。アメリカのカレッジスポーツが「プロ養成」的であるのに比べ、英国大学スポーツはリーダーを養成するという目的を長い歴史の中で常に担ってきた》

日本の大学スポーツは、イギリス型にもアメリカ型にも徹しきれていない。日本における各界のリーダーは、スポーツ活動とは無縁できた人たちが大半を占め、リーダーシップが血肉化していないという思いが、宿澤にはあったのではないか。だからこそ、以下、書かずにはいられなかったのであろう。

《彼がオックスフォード大学で学んだリーダーの資質とはどんなものだったのだろうか。〝ブルー〟をめざす過程で、彼は「判断」と「決断」の重要性を知ったはずである。英国におけるチームワークの構成要因は、個人の判断力である。一人ひとりが高い判断力をもち、あらゆる局面で同一レベルの判断を継続して行うことにより、サインがなくても高度なチームプレーが可能になるのである。（中略）この「判断」と「決断」の能力の最も高い人のなかからリーダーが育てられるのである》

このように断言するのは、宿澤もイギリスで触発され、みずからそうしたリーダーをめざしてきたという自負があり、部下にもそれを期待したからであろう。上司としての宿澤は、銀行内で部下から恐れられていた。「駄目じゃないか」「それでもプロの銀行員か」と叱りつけたりすることもあった。この一文を書いたころ、銀行ではチームワークの要諦である個人の「判断」と「決断」の覚束なさに歯がゆさをおぼえ、苛立っていたのではなかったのか。

いずれにせよ宿澤がイギリスという国に敬意を表していたのは、そこに伝統的なリーダー教育が脈打っていたからである。

さらに文章はつづく。

《奥はもう一つ、英国ラグビーを通じて貴重な体験をしている。それは、地域スポーツクラブの素晴らしさを実感したことだ。（中略）学校スポーツ、企業スポーツしか知らなかった奥が、小学校からシニアまでエイジグループに分かれて競技し、クラブ

ライフを家族ぐるみで楽しむ英国スポーツスタイル、その精神に新たな発見をしたことは間違いない》

このことは宿澤が渡英して体感したことでもあった。そしてこうも書く。

《亡くなる前の奥と私の関係は、日本のラグビーをどのように強くしていくかという観点で対等な立場にあった。二人で外人コーチをスカウトしたり、英国の有力チーム来日の可能性を探ったりしていた。私は有能なパートナーを失った失望感を感じた》

後述するが、日本ラグビーの「改革派」として旗幟鮮明にし、宿澤はラグビー協会内の「守旧派」と呼ばれる人たちと闘った。だが奥克彦という同志の一人を失うなど、宿澤は協会内で孤立していく。

後年、宿澤は部下の前でこう語っている。

「ロンドン時代は、銀行員としていちばんたのしい時代だった……」

イギリスでは、仕事をはじめ趣味・嗜好において「一流」であることの素晴らしさも教えられた。熊谷高校の同級生によると、下駄履きで通学してくるなど、バンカラの一面があった宿澤が、イギリス駐在をきっかけに服装にも凝るようになったという。

仕事において「一流」とは、正攻法で立ちむかうことを意味する。帰国後、銀行員として昇進の階段を昇っていくが、正攻法の宿澤にとって、それはきびしい日々でもあった。

第五章
空中戦と地上戦

私は自分の生涯において、幸福にも成功にも執着しません。しかし、私は自分の運命を征服することを熱望します。

『ロマン・ロランの言葉と思想』

宿澤広朗がロンドン勤務をおえて帰国したのは昭和六十（一九八五）年四月、三十四歳のときである。東京本店の本部には「為替はもういいです。べつの仕事がしたい」と伝えてあったのだが、帰国すると「あと一年だけ」と言われ、引きつづき資金為替部（国際資金部を改組）のディーリングルームに入ることになった。しかし「一年だけ」のはずが、為替の世界にどっぷりと漬かり、二年、三年……と延びてゆく。

部下として宿澤の仕事ぶりを目のあたりにしてきた高橋精一郎（現・執行役員／市場営業統括部長）は言う。

「宿澤さんは為替一班の班長として帰ってこられた。一班は七名ほどのグループでしたが、儲けだしたこともあって、十五名にまでふくらんでいきました。宿澤さんはドル／円のディーラーをこなしながら、班長としてマネージメントも担当する。プレイングマネージャーですね。そのディーリングは、手堅くて負けない。とにかく負けるのが嫌というひとでした」

その「手堅くて負けない」ディーリングぶりを象徴するような、宿澤のゴルフを高橋は見たことがあった。業界ではその名を知られた外資系金融機関の為替ディーラーと宿澤がコースをまわったとき、あるホールで二人とも球を林のなかに打ちこんだ。そのとき外銀のディーラーは、無理をしながらもグリーンを狙った。これにたいして宿澤は、まずは林からフェアウェイへとボールを出したのである。最終的なスコアでは宿澤が勝った。

「負けないディーリング、この言い方が宿澤さんにはぴったりです」

だからといって、自分の流儀を部下に強いることはなかった。すでに述べたようにリーダー養成の主要な要因は、個人の「判断力」と「決断力」であると、イギリスで学んでいたからであろう。宿澤は部下にたいして「二流のレベルじゃ駄目だ。一流をめざせ」とも口癖のように言っていた。これもまたイギリスで染みこんだ考えであった。

宿澤が帰国して半年後の秋（九月二十二日）、先進五ヵ国蔵相・中央銀行総裁会議において各国蔵相はドル高の是正で意見が一致した。このいわゆる「プラザ合意」によって円は急騰し、一ドル＝二百四十円台だったのが、その年のうちに二百円割れにまで推移していく。この急激な変動によって、深い傷を負った為替ディーラーは少なからずいる。

宿澤はどうであったかというと、そもそも損切りが上手く、深入りすることはなかったのである。

高橋は当時をこう語る。

「われわれ邦銀のディーリングは、持ち高をたくさん抱えて大勝負に出るというより、そもそもサヤを稼ぐのが主流ですから、宿澤さんは大損をしていません。それどころか基本的な流れが円高になったおかげで、儲けていました」

プラザ合意から十ヵ月後、宿澤はこう言っている。

《仕事でも、やっぱりあそこで切っておけばよかったとか、あんなバカな持ち高を作らなければよかった、というのはあります。今の仕事をラグビーで言うと、勝ってはいるんですけど、満足のいく勝ち方じゃないですね。一年を通してみると昨年秋のG5（先進五ヵ国蔵相会議）のときに、こうやっとけばよかったというようなことがあとでいろいろ出てきます》（『日本経済新聞』昭和六十一年七月十三日付）

負けず嫌いの宿澤にしてみれば、もっと収益をあげられたという悔いはあったようだ。そのころ宿澤が班長をつとめる為替一班は、一日三億～十億ドルを動かしていた。

上司から「約束の一年がたったが、どうする」と尋かれたとき、宿澤は「ディーラーをつづけます」と答えた。業界には「ワンス・ア・ディーラー、オールウェイズ・ア・ディーラー」という言葉がある。いったんディーリングの面白さを味わった者は、なかなかこの世界から脱けだせないのである。社宅暮らしをする宿澤のベッドサイドには、時々刻々、世界の為替市場の動きを伝えるモニター（ロイタースクリーン）が備えられるようになった。

高橋は言う。

「従来の銀行業務が〝地上戦〟とすれば、ディーリング部門は〝空中戦〟です。それまで特殊な部門と見られていましたが、プラザ合意以降の円高によって、とりわけドル／円のディーラーは花形となり、行内でも脚光を浴びるようになりました。宿澤さんの〝運〟を感じますね」

鶴の一声

あのとき一本の電話がなければ、宿澤広朗の〝空中戦〟はまだまだつづいていたにちがいない。それは、宿澤の記憶によると平成元（一九八九）年二月のことである。ジャパンの代表監督と日本ラグビーフットボール協会の強化委員長を兼任する日比野弘から電話があって、代表監督になることを要請された。

宿澤にとって日比野は、大学二年生のときのラグビー部監督であり、大先輩である。卒業後もなにかと縁があった。宿澤の新橋支店時代、日比野が埼玉、群馬、新潟とラグビーの巡回講習をした途中、埼玉県吹上町の宿澤家に泊まり、父子と麻雀卓を囲んだりもした。すでに述べたように宿澤父子は負けず嫌いである。相手が日比野であろうとも容赦なく麻雀を打つ。

その勝負を見ていた姉・由美子は言う。

「日比野さんが大敗しましてね。ボヤくように〝旅先で追いはぎにあったようなものだなぁ。なんて親子だ〟と父と弟に言ってました」

昭和五十八(一九八三)年、日比野が代表監督としてジャパンチームを引きつれ、ウェールズと対戦したときには、ロンドン支店にいた宿澤がテレビ放映されたその試合の解説者をつとめた(この試合は、日本ラグビー史に残る名勝負であった。ジャパンは後半十分で二九—一〇と十九点差をつけられながらも驚異の追いあげを見せ、二九—二四でノーサイドを迎えた。敗れたものの、いまVTRで見ても胸が熱くなるほどの善戦をした。解説する宿澤も興奮気味であった)。

正月休みなどにイギリスから帰国すると日比野と宿澤は秩父宮ラグビー場で顔をあわせていたし、早稲田ラグビー部の溜まり場である新宿歌舞伎町にある鮨屋「忠太」で飲んだりしていた。

それにしても新橋支店時代に早稲田ラグビー部のコーチをつとめたものの、それ以外の指導者経験がない宿澤に、なぜ白羽の矢がたったのか。

前年十一月、ジャパンはアジア大会の対韓国戦でノーサイド寸前に失点して敗れた。代表監督の日比野は、試合前から選手たちに「韓国に負けるようであれば、二年間におよぶ私の強化の仕方がわるく、ワールドカップに出場する資格すらない」と公言していた。日比野はゲーム終了後、韓国から日本へ電話をかけて辞意を告げた。しかし「監督を投げだすとは、無責任だ」との声もあがり、日比野退任は一部の関係者にしか明かされないまま、密かに後任監督をさがすことになった。

「宿澤を代表監督に推したのは私のように言われていますが、じつはそうじゃない」

宿澤就任までの経緯を日比野は語る。

日比野に「お前、宿(しゅく)を口説いてくれ」と言ったのは、当時ラグビー協会の専務理事をつとめる白井善三郎であった。白井は、早稲田ラグビー部で日比野の三年先輩にあたり、宿澤が三年生のときの監督でもあった。社会人チームを破って二年連続の日本一に輝き、その後に「連覇会」という集いもでき、白井も宿澤とはしばしば顔をあわせていた。

「宿澤の能力を見抜いていたというより、若い宿澤ならなにか新しいことをやってくれるだろう、ということですよ。でも、銀行が宿澤を出してくれるかどうかわからない」

　とりあえず電話をかけ、白井と日比野は宿澤を呼びだすことにした。

「早稲田かと思いましたよ」

開口一番、宿澤は言う。電話で監督就任の要請を聞いたとき、代表チームではなく早稲田のそれと受けとめたという。

「銀行が承諾してくれるかどうか……」

　宿澤は返事を濁していた。ラガーであれば、ジャパンの監督は一度はやってみたい名誉ある役職である。

　スコットランドとのテストマッチが三ヵ月後の五月に開催されることもあって、白井と日比野がねじ込むように言う。

「いますぐ会社に言えば宿の監督就任プランは潰されるかもしれん。銀行だって土日は休みだろう。まずは黙ってやればいいじゃないか」

「そういうわけにもいきませんよ」

「じゃ、人事部にはわれわれが筋を通すよ」

　直後、日比野は住友銀行の人事部に出かけていった。すると「検討させていただきます」と言われ、後日「快諾させていただきます」との返事があった。「伝聞ですが、ラグビー好きの磯田一郎さん（当時・会長）の鶴の一声があったようです。〝銀行にとっても名誉なことだ。やらせてやれ〟と」と日比野は語る。

「大敗しない」戦略

平成元年五月二十八日に宿澤率いるジャパンがスコットランドとの試合で歴史的勝利をおさめたことについては、すでにプロローグや第一章で述べた。

「宿澤君、おめでとう」

この日、ＮＨＫのテレビ中継で解説をつとめた日比野弘は、勝利監督インタビューの最中、放送席から宿澤に声をかけた。

宿澤は笑みを浮かべて応える。

「日比野さん、すいませんね、美味しいところばかりいただいて……」

それは、一般視聴者にはわかりにくい宿澤と日比野の私的な会話でもあった。前年までの二年間、日比野が強化してきたジャパンをうけついだことにたいする宿澤なりの返礼でもあった。

その瞬間に湧きだした感慨について、日比野は冗談まじりに、しかし半ば本気で私に語る。

「あの宿澤の言葉を聞いて、私は監督を辞めなきゃよかったと悔いたし、ツイてる野郎だなぁとつくづく思いましたよ」

翌年、宿澤は銀行側の配慮によって法人部に次長として移された。そこは東京本店の管轄下にある支店（約二百ヵ店）の依頼を受けて企業取引のノウハウを伝え、サポートするスタッフ部門である。それまでの資金為替部にくらべると忙しくはない。

当時の法人部には部員が十五名ほどいた。その一人は言う。

「スコットランド戦の勝利によって、宿澤さんの名前は行内に知れわたっていました。最初の印象はスポーツマンらしくないということです。声が大きいわけでも、明朗快活でもなく、背も低く、もやもやとしゃべる。それでいて迫力がありました。部の宴席でスコットランド戦について尋かれると、力むでもなく淡々と答えていましたね」

職場では銀行員に徹していた。

宿澤は、仕事をペンディングにするのを嫌がる上司であった。個人の能力に重きをおくだけに、普段はあれこれ指示をしない。しかしジャパンの強化合宿で職場を一ヵ月間留守にする直前ともなると「早く！」「片づけろ」という宿澤の声が飛ぶ。支店からの依頼事項の数々をABCDの優先順位をつけてこなすよう指示していた。

宿澤は二年十ヵ月間、ジャパンの監督をつとめた。キャップ対象試合（おもに、テストマッチとして認められた試合）の成績は五勝九敗。『ラグビーマガジン』（平成十八年九月号）はその戦績を分析して《際だつのは宿澤ジャパンのディフェンス力だ》《言い方を変えると、宿澤ジャパンは大敗しなかった》と書いた。その監督ぶりは、ディーラーの手法とも共通していたのである。

宿澤が代表監督であったことは住友銀行にとっても幸いした。平成二年五月、日本経済新聞が総合商社・伊藤萬（のち社名をイトマンに改称）の借入金が一兆二千億円におよんでいる事実を報じ、不明朗な資金の動きを衝いた。この会社の社長は、住友銀行の元役員である河村良彦がつとめていたうえ、伊藤寿永光（すえみつ）や許永中などといった〝怪紳士〟の登場もあり、住友銀行はマスコミの集中砲火を浴びることになる。

「あのイトマン事件で行内が沈んでいるとき、監督としての宿澤さんの活躍は、住友行員の励みにもなりました。住友銀行のイメージ低下を食いとめてくれていたと思います」

と法人部の元部下は語っていた。

忘れられない旅

日本代表の監督として最後の試合は、一九九一年第二回ワールドカップ予選の対ジンバブエ戦であった。このとき宿澤は、ただひとり、アフリカの高原国・ジンバブエへと一泊四日の偵察旅行を敢行し、相手チームを「丸裸」にしてジャパンを五二―八と勝利に導いている。ワールドカップにおける日本の勝利は、いまだこのときの一度かぎりである。

イギリスのベルファストで戦われたこの一戦は、すでにスコットランドとアイルランドという欧州の厚い壁に二敗を喫してジャパンの予選敗退が決まっていたが、土壇場にして監督・宿澤の負けじ魂が選手たちに乗り移ったような試合となった。素早い展開と連続攻撃という日本の持ち味が遺憾なく発揮され、終始攻めまくって、前半十九分に堀越正巳が初トライ、そのあとはトライ・ラッシュ（計九本）となり、もうひとつの記録も塗り変えた。日本チームは昭和五（一九三〇）年からテストマッチに参戦し、この百十四戦目において過去最多の五十二点という得点をあげたのである。

後年、宿澤は「忘れられない旅」というテーマでエッセイを執筆し、将来、妻と旅行をしたい国としてイギリスとジンバブエをあげている。イギリスは七年半駐在して挙式もし、二人の児も生まれ、本場のラグビーも堪能したので当然としても、ジンバブエはなぜなのか。

宿澤は一気にこう書いている。

《私が本当に妻と一度旅行をしたいと思う国がもう一つある。アフリカのジンバブエである。平成二年の五月にラグビーの情報収集のために〝一泊四日〟という大変な強行スケジュールで一人で首都ハラレを訪れた。ラグビーW杯アフリカ予選を観戦して、試合後クラブハウスでラグビー関係者と飛行機の時間ぎりぎりまでビールを飲みながら話を弾ませた。英国はかつてアフリカやアジアで数多くの植民地を支配した。その是非はともかく。英国人達は単に支配するだけでなくその国々に英国風のスポーツクラブを残していった。独立後も英国人や現地の人々によってそのクラブは維持されている。一年後私は再びチームを率いてジンバブエに遠征した。決して豊かとはいえないこの国の各地で、私達は真の歓迎を受けた。遠征の半ば、ヴィクトリアの滝で丸一日休養をとった。雨季の恵みが大地に集まり、悠悠の流れがヴィクトリアの奈落でその姿を荒々しく変える。「この瀑布を眺めると人生観が変わる」との説明は事実だった。何時間もただ水の流れを見つめていた》(『別冊文藝春秋』平成十四年七月

号)

スクラムハーフを地でゆき、つねに動きまわる習性のある宿澤が、そこに《何時間も》立ち止まるとは、たしかにその瞬間だけは人生観が変わったのであろう。しかしヴィクトリア瀑布から去ると、また動きまわる日常が待ちうけていた。

「一流であれ」

銀行内の昇進競争においても、宿澤広朗はトップグループを走りつづけていた。平成二年、不動産向け融資の総量規制が実施され、土地バブルの崩壊によって不況が一気に加速していく。以後、各銀行は不良債権の山々に苦悶することになる。平成四年、宿澤は四十一歳にして東京・豊島区にある大塚駅前支店の支店長に就任し、三十六人の部下を抱える一国一城の主となった。支店の課長といっしょに顧客まわりをすると、相手がどちらから先に名刺をわたしていいかと戸惑うほど若く童顔の支店長であった。

この大塚駅前支店は、JR「大塚駅」より都電荒川線「大塚駅前」駅のすぐ傍にあり、巣鴨とげぬき地蔵(高岩寺)にも近く、下町の個人顧客が多い中規模店であった。銀行内では新任支店長の赴任支店として位置づけられていた。

そのころ住友銀行の人事部から関連会社に転出していた神田武夫は、またも宿澤の強運を思わずにはいられなかったという。

「土地バブルの時代、行内の優秀な人たちであっても、つまらない不動産融資に手を染めざるをえなかった。宿澤君はその業務から逃れられたし、着任した大塚駅前支店にも不良債権はあっただろうが、それほど大変な処理ではなかったと思いますよ」

わずかに年齢が離れ、宿澤と親しかった後輩社員もまた、その強運を語る。

「大塚駅前支店が担当するエリアには怪しげな企業が少なく、貸付業務といえば住宅ローンがもっぱらのはずです。宿澤さんは貸し金の始末をしていないと思う。ただこの支店は規模こそ小さいが、店の格は低くない。かつての支店長が常務に就任しているように、将来を嘱望された行員がそこの支店長になる。上層部としても、代表監督として著名になった宿澤さんの職歴に傷をつけまいとしたのではないでしょうか。それにあの辺りはラグビー好きの経営者が多く〝宿澤ブランド〟が威力を発揮する地域でもあります」

宿澤は×（罰点）もなく、同期のなかで先頭集団を走りつづけている。いくつか×を食らった者が、起死回生を図るにはどうすればいいのか。顧客のなかに「怪しげな企業」があったり、不良債権が山積するなど問題を抱える支店に、あえて手をあげて赴く野心的な行員もいた。

しかしこの時期、宿澤の後ろ盾でもあった磯田一郎が亡くなり、銀行員としての宿澤広朗の真価がきびしく問われることにもなった。バブル崩壊により支店の業績は伸び悩んでいた。

宿澤は〝空中戦〟の勇者であっても、地域に根をおろして這いまわるような〝地上戦〟は、新人のころに新橋支店でわずかに経験したにすぎない。

宿澤は着任すると、融資担当の次長にこう言う。

「ぼくには支店長経験がない。君が見ておかしいと思ったら必ず言ってくれ。アラームを鳴らしてくれ。いいか、たのむぞ」

宿澤は若手にとやかく言うこともなかった。当時の若手の一人は「ああしろ、こうしろと宿澤さんから指示されたことはありません」と語るが、それだけに逆に、無言のきびしさを感じたという。

「判断を誤ったり、仕事の手を抜いたりすると、きつく叱責される。皆の意見をとてもよく聞いて、それから決断された。結果、うまく運ぶとニヤッと笑って〝そうだろう、そうなると思っていたよ〟と言われ、〝よかったなぁ〟とさらりと褒める」

ともあれ言葉は少なく、ときには言葉が聞きとれないこともある。宿澤は生来の口下手ではないかと、ある部下は思っていた。ところがＮＨＫの「サンデースポーツ」でラグビーの解説をする口調は滑らかであり、職場とは打って変わって明快であることに驚いたという。

若手は宿澤から「一流」であれと説かれた。そして宿澤自身も「一流」を心がけた。その一端は、身だしなみを気にかけることにも表れていたという。つまり宿澤は形から「一流」に入ろうとしていたようである。背広はすべてオーダーメードであったが、それにはもうひとつ宿澤ならではの理由があった。再三述べてきたように宿澤は短軀であり、さらにラガーとして鍛えぬかれた脚、とりわけ太腿は並外れて太い。宿澤の身体に適した出来合いの背広はなかなか見つからないのである。

つづけて若手は言う。

「バッグ、ネクタイ、時計……身につけるものは、すべてブランド品でした。それが嫌味じゃなく、馴染んでいる感じでしたね」

しかし、徹底したブランド通でもなかったし、鋭いセンスの持ち主でもなかった。たとえばある日、紺色のスーツを着てきたものの、上下の色が微妙に異なり、間違えたと気づいた。宿澤は支店内の行員たちに「これ、目だつかなぁ」と尋ねてまわり、結局、妻にべつのスーツを届けさせた。

かつての部下たちからは、こんな声も聞こえてくる。

「まじめに話しているのか、笑いをとろうとしているのか、区別がつかず困ることが多かった。エルメスやブルガリのネクタイがいい、買うようにと宿澤さんに言われたときも、冗談か本気かわからず、買ってしまいました」

「自分のセンスに自信がないからブランドにたよっていたように思います」

毎朝、支店近くの自動販売機で缶コーヒーを買い、それを仕立てのいい上着のポケットに無造作に突っこんで出勤してくる。この宿澤が意図しないちぐはぐさに、行員たちはかえって親しみをおぼえた。宿澤にとって出社時の缶コーヒーは、勝負を前にした力士の力水（ちからみず）のような、仕事前の儀式であった。

ラグビー界の伝説の男が銀行支店長になったということで、そのころ宿澤は新聞記者のインタビューをうけた。そこでも宿澤は負けず嫌いの一端をうかがわせている。

記者が銀行マンにしてシンガーソングライターの小椋佳を話題にすると、宿澤は正直にこう答えているのである。

「銀行マンとして二足のわらじを履く者として第一勧銀の小椋佳さんには負けられない、という気持ちがありましたね。近くの支店でおなじ支店長の立場で一度やりたいな、と思っていましたが、先に辞められて残念です。ひとがどう見るか知らないけど、ぼくはほんとうに競争心がつよいから」

「緩急自在」の支店長

宿澤広朗は、あからさまに顧客に食らいつくような支店長ではなく、その行動は緩急自在であった。

ＪＲ大塚駅の近くに、イベント会場の設営などを手がけるセレスポという会社がある。従業員三百五十一名、年商約八十億円（平成十八年三月末現在）という中堅企業である。その代表取締役会長の三木征一郎は支店長・宿澤の思い出をこう語る。

「宿澤さんとは面白い出会いをして、気がつくと本社の社屋（六階建て）まで世話してもらっていた。がつがつせず、さらりと仕事をするひとです」

三木の会社のメインバンクはもともと三和銀行（現・三菱東京ＵＦＪ銀行）であり、住友銀行とは取引がなかった。

ある日、早稲田大学応援団の監督をつとめる弟から「兄貴、こんど大塚駅前の住友銀行に面白い支店長がきたぞ」と、宿澤広朗の着任を知らされた。そうか、あの元代表監督なら機会があれば、一度会いたいと三木は思った。それからしばらくして旧知の綿井永寿が、三木の母校・日本体育大学の学長に就任したというので、祝宴を張ることにした。その日、綿井もラガーであることから、突然三木は宿澤の名前を思いだし、弟を介してその席に呼んでもらうことにした。宿澤は腰軽く駆けつけてきた。

祝宴会場のうなぎ屋で宿澤と綿井は、ばったり顔をあわせることになり、おたがい驚く。その夜は本場イギリスのラグビーの話題で盛りあがった。

「どうです、宿澤さんはラグビー専門の仕事をされたら」

初対面の三木は、まさか後年、宿澤が頭取の一歩手前、専務にまで昇りつめるとは思ってもいない。

「銀行の仕事は面白いし、好きなんです」

物静かに宿澤は答えていた。

その後、宿澤はしばしば三木の会社に立ち寄ったし、いっしょにゴルフにも興じるようになった。しかし融資など仕事がらみの話をいっさいしない。それが三木にはふしぎであった。というのも、後日、三木は綿井から「日体大も住友銀行の口座を設けさせられて取引するようになった。宿澤君は商売が上手い」と聞かされていたからである。それなのに三木にたいしては、まったく商談を持ちかけてこない。スコットランド戦やジンバブエ戦のように、そこにわずかでも勝機が見いだせれば徹底して作戦を練り、攻めこんでゆくが、まだ勝機がないとなれば、耐えて刻を待つのが宿澤流でもある。

三木が「今度、株式の店頭公開をしたい」と言っても、宿澤は「当行もいろんな形で応援できると思いますよ」と語るだけで、食いついてくる様子もなかった。まだ商機は訪れないと宿澤は判断したのであろう。

気がつくと、いつのまにか三木と宿澤のあいだには、よき人間関係が築かれていた。

ここぞというときの行動力

それまで三木の会社は駅前ビルに間借りをしていた。株式公開により資金が入ったこともあって、三木は宿澤を前にして「自前の社屋を建てようと思うが、どこかいい土地はないかなぁ」と口走った。はじめて宿澤が銀行員として動きだしたのは、このときである。すぐさま駅近くにある更地の情報を届けてくれた。

その百五十一坪の土地は、当初マンションの建設を予定していたが、高さが規制されて六階までしか建てられないとわかり、マンション業者が投げだしたものだった。そこに社屋を建てたらどうか、と宿澤は持ちかけたのである。土地バブルが弾けたとはいえ、坪単価は一千万円以上、総額にして十五億円を超える物件であった。

「土地代や建築費の六割を従来から取引のある三和銀行、四割を住友銀行から融資してもらうことになりました。宿澤さんにとっても大口取引だったことは間違いありません。それにしてもゴルフだけでも十回以上はコースをまわり、深いつきあいをしているのに、ねじ込むでもなく、さらりと仕事をやってのける手腕はたいしたものです」

このことで思いだされるのは、宿澤が大学三年生のときに戦った日本選手権である。あの雪のなかのパントを成功させるため、一年間の猛練習をしたように、三木の会社にたいしては、綿井の日体大とは異なる迫り方が必要であると察し、好位置を保持しつつ自分に楕円形のボールが転がりこむのを辛抱強く待っていたように思われてならない。くわえて銀行員としても「一流」をめざす宿澤は、誇り高く、がつがつせず、正攻法による仕事をしたいと思っていたのであろう。

新社屋建設の基礎工事に着手したとき、大きな問題が生じた。その土地から遺跡が出て、工事にストップがかかったのである。その後の展開によっては一年、二年と待たされる恐れもあった。そこでも宿澤は素早く動く。みずから文化庁にかけあい、一気に調査をするよう仕向け、一ヵ月の中断で建設工事を再開させている。仕事においても、ここぞというときのトライの決め方に三木は感心した。

業績がふるわなかった大塚駅前支店は、宿澤の着任直後から四期連続で業績表彰、五期連続で基盤拡充運動受賞と、当時の行員によると「見違えるほどの業績復活」をはたした。

元部下は言う。

「宿澤さんはいろいろな会合に出席していました。たとえば早稲田ＯＢの集まりである〝豊島稲門会〟で、ある企業オーナーのスピーチを聞いて、すぐ若手をその企業に訪問させるなど、情報を有効に活用していました。部下が新規取引をいただくと、規模の大小にかかわらずその企業を訪問してお礼を言い、つぎなる展開を図っていました。月末ともなると、各課の部下をつれて取引先のレストランや居酒屋に飲みにいく。女性やパートも同様に扱っていました」

支店長として、管理職からパートまで気持ちよく働けるよう職場の雰囲気づくりにつとめたのが「業績復活」をもたらしたのである。

宿澤は支店長を三年間つとめたあと、市場営業第二部の部長となった。ふたたびの

〝空中戦〟では「守りの宿澤」が一変して「攻めの宿澤」となり、周囲を驚かせることになる。その部門において住友銀行の全収益の三分の一近くを計上し、宿澤広朗は不良債権処理の原資を稼ぎだしてゆく。

第六章
取締役への道

幸運なる人間は白い鳥よりも稀なり。

ユヴェナリス『諷刺詩』

大塚駅前支店長をつとめた三年間、宿澤広朗は、いくつか取引先を開拓して前任の支店長たちを越えていった。顧客開拓は、激しい昇進競争の渦中にいる管理職としての当然の職務であるが、そこには数字に表れない成果が感じられたという。

「宿澤はちがうんだなぁ……と思ったことがありましてね」

当時の専務・西川善文（のち頭取、現・日本郵政株式会社代表取締役社長）は、その成果をかいま見てはっとしたという。

平成七（一九九五）年、折から住友銀行は創業百周年を迎えていたが、バブル経済崩壊後の業績低迷やマスコミによる銀行バッシングもあって、ホテルの宴会場を借りるような派手やかな記念パーティーは自粛することになった。そのかわりとして東京本店の講堂に何度かに分けて顧客をあつめ、懇親会をひらいた。

「あるときの懇親会に、大塚駅前支店のお客さんが相当数きていましてね、ちょっと驚いたことがあります。お客さんが宿澤や支店のメンバーにとても感謝している様子がうかがえた。たんに融資をするだけでなく、時間をかけて信頼関係を築いていったように思われたのですよ」

西川にも支店長経験があるので、こうした客との親密な関係が感知できたのであろう。

西川自身、べつの場所ではラガーとしての根づよい宿澤人気を実感していた。NTTの当時の社長・児島仁に会いにいったとき、西川は児島から語りかけられた。

「西川さん、お宅に宿澤さんというひとがいるでしょう」

「社長は宿澤をご存知ですか」

「会ったことはありませんが、どういうひとなのかは、だいたいわかっておりますよ」

児島がラガーであったかどうか、西川は知らない。しかし熱烈なラグビーファンであることは間違いないと察した。

「きょうは西川さんがこられるということで、こんなものを用意しました。帰ったら、ぜひ宿澤さんにお渡しください」

児島が手渡したのは、額に入った一枚の写真であった。そこに写っていたのは、歴史的な勝利を飾ったあのスコットランド戦（平成元年五月二十八日）の折、秩父宮ラグビー場のグラウンドに立つジャパンの代表監督・宿澤の姿であった。その写真は児島が観客席から撮ったものであるという。

「きみは凄いな。天下のNTTの社長がこういうものをわざわざプレゼントしてくれるのだから」

銀行に帰った西川がからかうように言うと、宿澤はにっと笑い、しきりに照れていた。

西川はこの逸話を私に語ったあと、つづけて言う。

「行内には、有名人だからいい客がつくという点ばかりを強調するむきもありますが、それだけで宿澤の力を推し量れるものではありません」

百周年の懇親会でその能力の一端を見せつけられたあと、市場営業第二部長に就いた宿澤の「頼もしい仕事ぶり」が、しだいに西川の視界に入ってきた。

「ビッグプレーヤー」

部長職ともなると、取締役たちを前にしてプレゼンテーションをする機会が多くなる。西川善文が出席した十名ほどの会議で、宿澤が説明役を担当したことがあった。

そのときの印象を西川は言う。

「宿澤はぼそぼそと語る。もうちょっとはっきり言わなければ、出席者が誤解すると思いましてね。会議のあと、私は冗談まじりにこう話したことがありますよ。〝きみがNHKで解説するのを聞くと、理路整然として、ラグビーに詳しくない私のような者でも納得させられる。そのように会議でも明快に言えよ〟とね。頭のなかはクリアなはずなのに、会議の場ではそうじゃない。かれはハニカミ屋なのですよ」

　この時点では、宿澤の頼りなさも西川の眼についた。高校・大学ラグビー部における習い性なのか、宿澤は目上の者にたいすると、その瞬間に身体が硬直し、臆してしまうという面もある。しかし西川の言う「ハニカミ屋」とは、こと宿澤に関するかぎりでいえば、極度なまでに人見知りが激しく、照れ屋であることを意味する。人見知りは、目上・目下に関係なく、生来の性質（たち）でもあったようだ（ただし、女性にたいしては、人見知りどころか積極的に語りかけていた）。慣れるにつれて、断定的な物言いをし、さらに人懐っこくなってボードメンバーをからかったりもしている。

　当初の会議では誤解されかねない新任部長であったが、時間がたつにつれ、部長らしくなっていった。そのころ取締役企画部長だった奥正之は、かつてのドル／円ディーラー時代とは異なる宿澤の姿をそこに見た。

「部長として仕事をするようになって、しだいに宿澤が大きく見えてきた。しゃべり方も変わりましたね」

　そうして宿澤は、市場営業部門において、銀行内のだれもがその手腕をみとめざるをえない業績をあげていく。

宿澤広朗が部長をつとめる市場営業第二部は、住友銀行が保有する預金など円貨資金を国際市場で運用する部署であった。ちなみに当時、第一部は外貨資金を扱い、第三部はトレーディング取引を担当していた。

「宿澤さんには持って生まれたツキがあるとつくづく思いますよ。あの当時、銀行ではいちばん活躍する余地のある部署に配属されたのですから」

その人事を知って、住友銀行と取引のある外資系証券会社の部長は、宿澤の強運を痛感したという。

不況が深刻化して、企業は新工場の建設など設備投資を抑えている。そのため銀行本来の貸し金ビジネスは細り、カネが余り、金利は下がりつづけていた。その時代に宿澤は円債などの運用によってカネを稼ぎだす部署のトップに就いたのである。商業銀行としてはまだまだ新しいこの業務にたいして、戦略が定まらず及び腰で取りくむ銀行があったなかで、住友銀行はその猛進的な体質もあって「ビッグプレーヤー」と呼ばれるまでになっていく。

銀行員が射殺される時代

市場営業グループで、ふたたび宿澤の部下となった高橋精一郎は言う。

「銀行に収益をもたらす部門を軍隊にたとえると、法人部門は〝陸軍〟、国際部門は〝海軍〟、そしてわれわれは市場営業部門を〝空軍〟と位置づけていました。銀行が抱える不良債権を処理するためには稼がなくてはならない。しかし〝陸軍〟と〝海軍〟ではまにあわない。われわれ〝空軍〟がやらなければ……という使命感を、宿澤さんをはじめ皆が抱いていましたね」

その前年（平成六年）の九月、住友銀行はじめ他行の行員をも震撼させる事件がおこった。同行取締役名古屋支店長が何者かによって銃で顔面を撃たれ、住まいのマンション通路で亡くなったのである。この訃報が届いてだれもがまっ先に想像したのは、きびしい不良債権の取りたてが仇になり、暴力団に狙われたのではないかということであった。さらに、その前年には和歌山市内の自宅前で阪和銀行の副頭取も射殺されている。この地銀の副頭取は、長きにわたって不良債権処理を担当し、暴力団関係者とも交渉をしていた。そしてマスコミではまったくといっていいほど報じられていないが、さくら銀行（現・三井住友銀行）においても、先頭に立って不良債権処理の旗を振った役員が、暴力団による銃弾を浴びたが、一命をとりとめるという事件もあった（この事件について後年当人が語るのを私は聞いた）。

名古屋支店長が殺された直後、全支店にファクシミリを流し、不良債権の回収を中止させた銀行もあり、そこまで極端でなくとも、多くの銀行が回収を躊躇するようになった。しかしＢＩＳ（国際決済銀行）規制の自己資本比率八パーセントを死守せねばならず、銀行は中小企業にたいする形振りかまわぬ〝貸し剝がし〟に拍車をかける。

この銀行の姿勢にたいして中小企業経営者からは「晴れた日に傘を貸し、雨が降るとその傘を取りあげる」という不満の声が噴出し、銀行経営の無為無策にたいしてはマスコミのバッシングが巻きおこる。のちに〝貸し剝がし〟を食い止めるために公的資金を注入してもらうという、銀行の経営不在を象徴するような忌まわしい事態にもなった。

世間は銀行の無能と身勝手を腹立たしく思っていたし、銀行員は無力感に浸っていた。

けちょんけちょんに叱られて

宿澤広朗の仕事の大きな柱である円貨資金を投じた債券の運用について、ここで仕組みをごく簡略に説明しておきたい。

低金利で調達した資金を投じて、一年後に百万円で償還される債券を九十八万円で買うと、満期日には二万円（約二パーセント）近くが儲かることになる。調達資金が低金利であればあるほど、利ザヤも大きくなる。

しかしそうした債券ばかりが市場に出まわっているのではない。満期までの期間が二・五年の、利息が半年ごとに一・五万円つくという債券を百一万円で買えば、利息は五回分で七・五万円を得られ、差し引き六・五万円の儲けとなる。ただし調達資金の金利も債券の相場も変動する。債券価格が百万円に下がったり、百三万円に上がったりすれば、利回りも上下動する。そこに充当する資金の金利もからみ、その金利が上昇すると、逆ザヤとなって火傷も負う。

大雑把な言い方をすれば、低金利時代にあって、債券の価格と利回り、短期と長期の金利の動向を見すえ、円債などの売買によっていかにサヤを抜き、収益をあげるかという仕事である。調達資金の金利が下がり、債券が値上がりすれば二重に儲かるものの、その逆であれば奈落の底に突き落とされるのである。

「低金利の時代ですから、資金調達コストも低い。われわれも宿澤さんも収益を伸ばすチャンスとうけとめたわけです」

と高橋は言う。だが、かつてドル／円ディーラーを担当したとはいえ、昨日まで支店長をつとめて地上戦を戦っていた宿澤が、金利差や利回りをめぐる複雑な空中戦に、すぐさま自信を持って立ちむかえるものでもない。べつの部下によると、最初のころは「取締役に呼びだされて、けちょんけちょんに叱られていました」という。

奥正之は、西川善文と同様に「ラグビーの見方をわかりやすく解説するように、市場営業についても語ってくれ」と宿澤に言ったことがあった。

「〝市場〟を説明するのは難しいですね。ラグビーのようにいきませんよ」

と宿澤は答えたという。

しかし時間が経過するとともに、宿澤はその業務に精通していった。

顧客や上司には「即答、断定」

取引先であるモルガン・スタンレー証券の高杉哲夫（現・取締役副会長）は、その後の宿澤広朗について語る。

「宿澤さんはマーケットで巻きおこる出来事の本質を即座に捉え、つぎなる状況を瞬間的に予見していく。いわば〝動体視力〟的な能力が優れたひとです。マーケットを語るときは、技術的かつ専門的な金融用語を振りまくでもなく、複雑な状況を平易な言葉で説明することにも長けていました」

宿澤は高杉の前で、しばしばこう語っていたという。

「マーケットがどのように動くかは、そこに参加する人間がどう動くかによって決まる。自分がさまざまな局面にどう対応するかは、参加する人たちがまずどうしようとしているかを冷静に見極め、判断したうえで決める。マーケットにかぎらず大概のばあいはこれが当てはまる。世の出来事は、すべからく人間の集合体がおこすことだよ」

かつてロンドン支店でドル／円ディーラーを体験した折、宿澤はこの考えを会得したのであろう。高杉によると、この宿澤と似た考えをアメリカの著名な投資家も披瀝していたという。物事の本質を把握する才が両者にはあるのだろう。

弱みを見せたくない、負けたくない、という思いが人一倍つよくある宿澤は、しだいに自信を持って、明快に説明するようになった。

もともと宿澤は不確かな物言いを嫌う男でもあった。

あるとき宿澤は部下を前にして、イギリス駐在時代の体験を語ったことがある。大物の顧客といっしょにロンドン郊外に出かけた折、牧場にさしかかると、クルマの後部座席から客が問いかけた。

「あそこにいる牛たちは、どこで寝るのかね」

助手席にいる宿澤がすぐさま答える。

「ここ（草の上）で寝ます」

宿澤にしてみれば、確信があったのではないが、「さぁ、どうでしょうか……」という返事ではなく、咄嗟（とっさ）の判断によって「ここで」と断定するように言った。あとで牧場に確かめると、実際にそうしていることもわかったという。この逸話から宿澤はなにを部下に伝えたかったのか。

「偉いひとの前では、言いきらなければならない。ああでもない、こうでもない、と自信なさそうに言うと、信頼されない。形容詞は少なく、できるだけシンプルに答えるのがいいのだ」

と宿澤は説明したという。言葉を濁したり、先に逃げを打ったりしてはならないと日ごろから宿澤は肝に銘じていたのであろう。部下にたいしても「きみたちも自信を持って断定的に言えるよう、仕事に精通してくれ」と暗に伝えたかったようである。

あるとき市場営業部門の業績が落ちこみ、西川善文から叱責されたときも、宿澤は言い訳はしなかったという。誇りを傷つけられまいとして「前期は儲けましたよ」と宿澤は言いかえしてもいた。

収益の三分の一を稼ぎだす

ドル／円ディーラーのときは「守りの宿澤」といわれていた。だが市場営業第二部では、しだいに「攻めの宿澤」になっていく。

取引のあった外資系証券会社の担当者は言う。

「宿澤さんおよびその部署の人たちが投資家、私たちは業者という関係になります。あの当時、住友銀行は債券の保有額をどんどんふくらませていきました。〝いま、銀行として収益をあげるのは、貸し金業務ではなく、債券の運用です〃と言いつづけ、宿澤さんは経営陣を説得していったのですよ」

債券の運用においては、投入する資金が巨額なほど、収益が大きい。ただし裏腹にリスクも大きい。部長として宿澤は、その部門の予算をより多く獲得できるよう、実績をあげていく。低金利時代はまだまだつづくと読んで、強気の攻めを展開し、部署全体の持ち高（ポジション）を拡大していったのである。当時、三和銀行（現・三菱東京ＵＦＪ銀行）や農林中金なども市場営業に積極的であったといわれる。しかし投じた資金量は住友銀行がはるかに上まわっていた。

「攻めの宿澤」の一端について、当時の部下・宮垣直也（現・市場運用部副部長）が語る。

「毎朝三十分ほどのミーティングがあって、各セクションのヘッドが出席します。金利は下がりつづけているのですが、ときとして弱気になり、もう底を打ったとうけとめ、自分の持ち高（ポジション）をスクエアにしたいと言う者もいます。しかし宿澤さんはあくまでも強気でしてね。〝そんなの駄目だ〃とか〝もう一回、考えろ〃とか言って、強気の持ち高（ポジション）を取るように仕向けていました」

宮垣によると、この宿澤の強気が市場営業部を躍進させた一因でもあるという。西川善文も私に「つよいリーダーシップによって、大勢の部下を動かす。統率のとれた部門運営をやってくれた」と語っていた。

しかし反面、宿澤にのしかかるプレッシャーは大きく、その表情はしだいに険しさも増していく。蔵相や日銀総裁の発言によって長期金利が急上昇すると、含み益が一転して含み損になりかねない世界に身をおいていたのである。それでも宿澤は自分なりの時代の読みと相場勘を信じた。

宿澤にとって救いは、頭取に就任した西川善文が「相場の後講釈（あとこうしゃく）はだれでもできる。きみたちがベストを尽くしたのであれば、どのような成績であろうとも、私はいつも評価する」と言ってくれたことである。ただしこの言葉は、救いでもあるが、西川の信頼を裏切るようなことはするまいと思う宿澤には重い枷（かせ）でもあっただろう。

奥正之は語る。

「あのころ宿澤は外銀（外資系金融機関）であれ、エコノミストであれ、海外駐在員であれ、社外の人たちと幅広くつきあっていた。宿澤の情報ソースが多くなったなあ、と思いましたよ」

ピンチは何度もあったが、数字を出しつづけた。

その結果を先に紹介しておきたい。宿澤が部長に就任した当初、当時の部員によると市場営業部門の稼ぎは「せいぜい五百億円」であった。以後、その金額はふくらみつづけていく。後年、住友銀行はさくら銀行と合併し、二万五千名以上の所帯になり、市場営業部門の〝空軍〟兵士も二百五十名前後から三百五十名前後になった。全行員の一・五パーセントに満たない部隊であっても、銀行の収益の三分の一をあげていたのである。

三井住友銀行の公表資料によると、市場営業の粗利益は、宿澤が全部門の責任者になった平成十三（二〇〇一）年には五千七十七億円（三井住友銀行の粗利益の二七パーセント）、翌十四年には五千八百十五億円（同三三パーセント）を計上している。すでにメガバンクとして市場営業の先頭を走っていた東京三菱銀行（現・三菱東京UFJ銀行）の業績も抜いた。ちなみに他行の同部門の稼ぎは、三千億円台であった。

その稼ぎ方は「商業銀行としては異常」という声も銀行の内外から聞こえてくる。しかし、こうでもして底知れぬ不良債権の損失を埋めなければ、銀行の存立すらも危ぶまれるという危機感が宿澤たちにはあった。部長に就任して二年後（平成九年）に三洋証券、北海道拓殖銀行、山一證券が、その翌年には日本長期信用銀行が破綻し、手をこまぬいていると明日はわが身、と宿澤たちは思っていた。

静かなる一喝

巨額な収益をあげるにいたる宿澤の管理手法について、さらにふれておきたい。

「平成十二(二〇〇〇)年の初頭、銀行がどうなるのか、われわれの危機感は最高潮に達していました。たんに予算をクリアするだけでなく、もっとおつりを出して経営にまわそうということで、その旗を振ったのが宿澤さんです」

と高橋精一郎は言う。

当時の部下たちの話を聞くと、ここでもまた宿澤は「部下にきびしい上司」であった。

「チャンスだ、と皆が騒いでいるときは遅い。それでは儲けが薄い。それ以前の潮目の変わりどきを見ろ」

と言い、部下がチャンスをしっかり捉えているかどうかを見つめた。

「勝つことのみが善である」

とも口癖のように言っていた。第二章でふれたように、もともとは《商売は戦いである。戦いには勝つことのみが善である》という大正製薬の企業精神に由来する言葉である。

根っからの負けず嫌いは、麻雀卓を囲んでも勝ちつづけ、部署内のパーティーでもゲームがあると勝負にこだわり、必ず賞品をゲットしていた。

「キャプテンは強気が一番」

これは講演の場などで宿澤が再三語ってきた言葉である。ラグビーの監督としてキャプテンを選ぶにあたり、なによりも「強気」であることを重視した。この体験を市場営業部門の職場にも敷衍して、宿澤はこう言う。

「リスクをとれる強気な人間は数十人に一人ぐらいです。その強気の人材を発掘するのが、私の部長としての仕事です」

職場では管理職に「部下と競うな」と説く。実権を握る上司が自分の流儀を押しつけ、リーダー候補である部下の能力の芽を摘んではならないという意味である。宿澤自身、自分とは相場にたいする考え方やディールの仕方が異なる高橋精一郎のような部下を、上手に使ったことが大いなる成果をもたらしたと銀行の内外で何人もが語っている。さながら高橋は、監督・宿澤がその手腕に信をおいたキャプテンのような存在であったのだろう。

部下の一人は言う。

「仕事上の失敗をしたとき〝つぎにおなじ過ちをすれば、即、飛ばすからね〟と言われました。私のばあいは、再度チャンスをいただいたと思っています」

おなじ過ちを繰りかえしたがために、外国へ飛ばされた者もいる。その部下は業績をあげて、ふたたび市場営業部にもどされた。「辞表を書いておけ」と言われた部下も一人や二人ではない。こうしたあからさまなムチは、昇進競争の激しい住友銀行においては有効だったようである。

怒ると大声を出すのでもなく、言葉少なに「自分の立場がわかっているのか」「そんなの駄目だ」とぼそりと言う。静かなる一喝を部下は恐れた。

「しょっちゅう頭をはたかれたり、小突かれたりしました。愛のムチを注いでもらったと思っています」

と真顔で語る部下もいる。見方によってはとんでもない上司であるが、この部下は著名人・宿澤の気さくなふるまいとしてうけとめることができたようである。収益拡大という明確な目標を掲げ、「結果がすべて」の部署であるだけに、そうされた当人も自身の非力を素直にみとめることができたのであろう。

この部下はつづけて言う。

「普段は眼光鋭く、全身からオーラが発せられ、とても近づきがたい印象をうけますが、時折見せる満面の笑みが忘れられません」

その管理手法は、ムチだけでなくアメにも気を配る。

「つとめて現場を見てまわる。とりわけ若手の隣に座り、長時間かけていろんな話をしてくれました」

「相場が荒れ、昼食の機会を逃がしてしまった部下には、みずからコンビニに出かけ、おにぎりを買ってきてくれたりもします」

こうして剛柔を織り交ぜて、宿澤は市場営業部を最強の〝空軍〟に仕立てあげていったのである。

西川善文のアドバイス

平成十二年、宿澤広朗は四十九歳にして住友銀行の執行役員となった。当時の頭取・西川善文の意向が働いた人事であった。

西川は語る。

「宿澤が役員に就任して、しばらくたったころ、かれには一度言っておかねばならないと思って、二人で会食をしました。このことは、宿澤はだれにも明かしていないと思いますが……。私が伝えたことは宿澤も理解し、私の期待を感じてくれたと思いますよ」

宿澤を前にして西川は、

「きみには銀行の将来を荷ってもらわなくちゃならない。これまでは市場営業部門だけに精力を注いでもらったが、これからは銀行業務について幅広く考えてくれ。ああすべきだ、こうすべきだということがあれば、提言をしてくれ」

と言ったという。それまで宿澤は、銀行員としての先行きを幅をもたせて考えていた。ざっくばらんに語りあえる友人の一人が「ヘッドハンターからの誘いがあるんじゃないの？」と問いかけると「いっぱいあるよ」と答え、「どこへ行っても苦労がつきまとうよ」と言ったり、「いつかは外銀に行くことになるかも……」とつぶやいたりもしている。しかし西川のこの言葉は、有力な頭取候補であることを意味し、宿澤には銀行員としてめざすべき頂上が見えてきたともいえよう。そのあと宿澤は「西川さんには頼りにされているんだよ」と、うれしそうに近親者に語ったりもしている。折から住友銀行とさくら銀行の合併（平成十三年四月）がタイムテーブルにのぼっていた。前述したように市場営業部門の人員は、二百五十名前後から三百五十名前後に増員となるが、幸いというべきか「結果がすべて」といわれるこの部門では、覇権を競う住友とさくらの思惑がそれほど業務に反映することもなかった。「結果」を出し、それなりの報いがあれば、だれからも不平不満は出ない、信賞必罰が明快に為される部門だったのである。

合併前、両行のメンバーが意見交換をして親密さを増すよう、当然ながら飲み会を盛んにおこなう。それだけではなく、宿澤は粋なはからいもする。

「海外で研究してこいよ」

宿澤は各班のメンバーを、たとえば住友出身者二名とさくら出身者二名を組みあわせ、海外旅行に送りだす。視察もさることながら、この四人が旅先でおおいに語り、意思統一することをなによりの狙いにしていた。結果、先に述べた粗利益を計上したのである。

九・一一の職場

宿澤広朗のリーダーシップについて、当時の部下たちの取材をすすめていくと、多くがあの日、平成十三（二〇〇一）年九月十一日の指揮ぶりを語る。

その日、市場営業第二部の宮垣直也は、いつものように夜八時すぎに退社して帰途についた。中央線の沿線駅で降り、社宅までの道を歩いているとき、携帯電話が鳴った。

他行の人間からの電話であった。

「ニューヨークのワールド・トレード・センターが火事だぞ。飛行機がぶつかったらしい。テレビでやってるよ」

時刻は、まもなく十時になろうとしていた。以前、宮垣はニューヨークに駐在して、そのビル内にある住友銀行のオフィスでデリバティブ関連の仕事を担当した。他行の行員は、まだ宮垣がそこで働いているかもしれないと思い、安否を気遣ってくれたらしい。しかし、すでに銀行のオフィスはべつの場所へと引っ越していたし、宮垣も日本にもどっていた。

「ありがとう、急いで帰ってテレビを見るよ」

宮垣は携帯電話を切ると、早足で社宅に帰りついた。現地時刻午前八時四十六分、小型機が世界貿易センターのツインタワーの一棟に激突したというのが第一報であった。

社宅のテレビには、黒い煙をあげるビルが映しだされている。着替えをしながら画面を見るうちに、さらに一機がもう一棟に突っこんでいく。なんのことやら事態を把握しかねているうちに「テロだ！」と気づいた。

確認をとるため職場に居残っている市場営業の夜当番に電話をかけると、

「ニューヨーク支店に問いあわせているのですが、電話が全然通じないのですよ。まだ事態がわからないので、テレビを見ていてください」

という返事であった。

テレビに見入っていると、ビルの一棟が崩壊してゆく。これは大変だと思って、ふたたび宮垣は背広に着替え、職場に電話で確かめることなく、タクシーに飛び乗った。スーツ姿になったのは、この夜は泊まりになり、翌朝そのまま仕事になだれ込む事態が予想されたからである。


「遅えよ」

むかった先は大手町ファーストスクエアビルにある市場営業部である。タクシーを走らせながら、宮垣直也は夜当番に再度電話をかけて、どのような状況であるかを確かめた。相変わらず現地に電話が通じないとのことである。かの地で働く友人知人の安否を気にかけつつも、有事なのでドル金利は下がると、仕事についても冷静な判断をしていた。

「ところで、上の人たちはきているの」

と宮垣は当番に問いかけると、

「ええ、宿澤部長（当時・市場統括部長）も高橋部長（精一郎・市場営業第三部）もきていますよ」

と言われた。その瞬間、早いなぁ、怒られるなぁ……と宮垣は思った。

午前零時になろうとするころ、職場には市場営業部員の半数近くが集合していた。その時刻にはイスラム過激派による同時多発テロであるらしいことが、しだいに判明しつつあった。

宿澤広朗はフロア全体を見渡せる部長席に座っていた。部員たちが背広姿や普段着でいるなか、宿澤は白いポロシャツを着ている。かれもまた、当時住んでいた等々力（東京・世田谷区）の社宅から駆けつけてきたらしい。

宿澤は宮垣を見るなり、

「遅ぇよ」

と言う。宮垣は一瞬ひやりとしたが、宿澤がにっと笑ったので胸をなでおろした。

宮垣の印象によると、その時刻、すでに一仕事をおえたような雰囲気がその場に漂っていた。じじつ、宿澤は指揮官としての仕事をおえていたのである。

凡庸な指揮官であれば、突発的な事態に直面すると「まぁ、様子を見ようや」となり、いつまでたってもリーダーとしての「判断」も「決断」もしない。そのため部下は、半信半疑の状態で仕事に取りかかり、右往左往もする。結果として集団のパワーが低下し、遅きに失することにもなる。

その夜の宿澤広朗のリーダーシップについて、部下の高橋精一郎は「機敏にして明晰な指示をされました」と言い、長尾誠（現・十三法人営業部長）は「自分が宿澤さんの立場にいたら、あのようにできたかどうか……」と語る。

三つの指示

宿澤は職場に着くと、部長職をはじめ各部署の責任者をあつめ、優先順位をつけて目下為すべき三点を強調した。いつものように言葉数は少ない。

第一に「ドルの資金繰りを徹底的におこなう」こと、第二に「お客さん（メーカー、商社、証券会社、生命保険会社などの企業）のためにできるかぎりのことをする」こと、第三に「勝機を逸しない」ことである。

第一の「ドルの資金繰り」についていうと、突発的な状況下では、手厚く現金（キャッシュ）を準備しなければならない。急に株を買いたいとか、預金を引き揚げたいという客がいるかもしれない。円貨の預金は潤沢にあっても、ドルについてはつねに市場から調達している状態である。いざというときドルが足りなければ銀行の信用が失墜する。「獲れるだけドルを獲れ」という宿澤の指示によって、すぐさま債券、CD（譲渡性預金）、CP（割引約束手形）などを担保に東京市場やロンドン市場でドル資金を調達する動きに出た。いったいどれほどの金額だったのか。部員によると、当時の市場営業部の一日の決済量は「十億ドルから五十億ドル」という。いかなる資金決済であれ、滞らせてはならないという指示からすると、その範囲を大きく上まわっていたことであろう。

　第二の「お客さんのために」は、「第一」がしっかり踏まえられていれば、おのずとうまく運ぶ。このような有事となれば、ドルは急速に下落して値が定まらず、ドル／円の交換にも支障をきたし、銀行間（インターバンク）の取引機能は低下する。しかし当然ドルを売りたいという客もいるはずである。ドル／円の為替ディーラーにしてみれば、緊急事態を理由にオーダーを拒否したいであろう（直後、レートを出さず、取引に応じない銀行もあった）。宿澤の指示は「レートは出せ、逃げるな」であった。そうすることによって銀行の信用も高まるのである。ただしディーラーにしてみれば、負け戦になるかもしれず、肝を冷やすディーリングであるにちがいない。いずれにせよ、客の注文にはすべて対応するのである。

第三の「勝機を逸しない」とは、儲けるということである。火事場のドサクサに荒稼ぎをするというのではなく、平時であれ有事であれ、収益をあげるのが市場営業部門の使命である。当然ながらドル金利の低下が予想される。宿澤は「金利低下の持ち高（ポジション）をとろう」と言った。

宿澤は自分より遅れて職場に着いた宮垣直也に「おい、お前のポジションは大丈夫か？」と声をかけた。宮垣が到着したときは、すでに第一から第三までの指令が、宿澤によって出されていたのである。

高橋精一郎は言う。

「これらの指示内容について、この分野で仕事をする者はあれやこれや、時間の経過とともに思いつくかもしれない。しかし宿澤さんは素早くおこない、優先順位のつけ方と指示内容が明快でした。この順位を間違えると中途半端な対応になってしまう。われわれは混乱することなく業務をこなせたし、誤解を怖れずに言えば儲けもしました」

長尾誠は言う。

「富士銀行のオフィスも被害にあったようでしてね、宿澤さんは〝以前、富士には助けてもらったことがある。できるだけの協力はするように〟とも言っていた。あの直後に、よくそこまで気がまわるものだなぁ、と思いましたよ」

その夜、部員たちは会議室に寝転ぶなどして職場に泊まった。宿澤は指揮官として言うべきは言い、そのあと仕事の流れを見届けて、二時間ほどで引き揚げていった。

後日、その夜の采配について、宿澤の二年後輩である淵岡彰(現・株式会社クオーク常務取締役)が感心したように宿澤に語ると、

「おれだって一年に一回ぐらいは閃くことがあるんだよ」

と笑いとばすように言っていた。

実のところ宿澤は、自身のリーダーシップを発揮する時機を密かに待っていたのではなかったか。

というのも、宿澤は講演の場でラグビーにおけるリーダーシップが求められるのは「チャンスとピンチのとき。それ以外のときは、それほど必要ありません」と持論を語っているからである。「ここぞというときに、いかに明確なリーダーシップを発揮できるか。いまがチャンス、いまがしのぎの場面という意識をチームに徹底させ、い

ざというときに全員の心をひとつにさせる力がリーダーシップです」と。

第七章
書斎なき家庭人

人間はもっとも崇高なものに騙されないと幸福になれないという厄介な生きものではないか。

司馬遼太郎『人間の集団について』

自宅では、どのような夫であり、父親であったのか。家族や近親者の取材をすすめていくと、意外な俗人の姿が浮かびあがってくる。

宿澤広朗には二人の息子がいる。昭和五十六（一九八一）年生まれの長男・孝太と同五十八年生まれの悠介である。

宿澤亡きあと、どのような姿がまっ先に思いだされるのか。次男に問うてみた。

「だらけている姿です」

と言う。職場とは異なり、自宅では一変して箍が緩んだような、すきだらけの姿をさらけだしていた。

宿澤が自宅で夕食をとったり、酒を飲んだりすることはほとんどない。平日の夜は、仕事やラグビー関係の会合、打ちあわせ、歓談があるし、週末も接待や懇親のゴルフに出かけていく。家族が夕食を共にするのは、一ヵ月に二回ほどの外食ぐらいである。

夜、遅く帰ろうとも、必ずインターフォンを鳴らし、家族に鍵を開けさせて「ただいま……」と声をあげる。ただし午前さまのときは、さすがに気がひけるのか、自分の携帯電話から息子たちの携帯をコールして開錠させる。合鍵を持たないのは、父親としての存在感を宿澤なりに家族に示したかったからであろう。

これも必ずといっていいほど、家に帰り着くなりノックもせずに息子たちの部屋に入り、肩に手をおくなり、頭を軽く叩くなり、上機嫌で酔っぱらっているときはわざと酒臭い息を吹きかけるなりして、息子にちょっかいを出したり、からかったりする。この宿澤流スキンシップは亡くなるまでつづいたという。

「ノックぐらいしろよ」

あるとき長男が声を荒らげると、

「ここは、だれの家なんだ?」

と宿澤は答えたという。ここはお前たちだけの家ではないと言いたかったようである。

自宅では〝タテにならない男〟

パジャマに着替えると、居間のソファに横たわりながらテレビを見る。リモコンをぱちぱちと操作しながら、お笑い系のバラエティ番組にチャンネルをあわせる。ニュースよりも、ドラマや映画よりも、なによりもこの種の番組を好み、無邪気なまでに笑い転げる。

以前、次男が中学を受験するため、社宅のリビング兼ダイニングルームのテーブルで母・洋子と入試の予想問題を解いていたときのこと。母と子はついつい熱して、いつのまにか甲高い声をあげていた。

そのすぐ近くで腕枕をしながらテレビに見入っていた宿澤は、文句をつけるように言う。

「うるさいなぁ。テレビが聴こえないから、静かに話せよ」

この言葉を聞いて洋子は「信じられない……」と思ったし、次男は「どういう父親なんだ」とあきれたという。

後日、宿澤は洋子に言う。

「あのときは二人とも過熱していたからな。どちらかが醒めてなければいかんと思って、突き放したままでのことだよ」

熱して戦いに挑めば、戦況を冷静に分析できずに負け戦になる、と言いたかったらしい。しかし、どことなく言い訳めいているようにも聞こえる。宿澤にしてみれば、くつろぎタイムに水を差され、咄嗟に「うるさいなぁ」と口走ったのではなかったのか。

「家に帰ると、タテになることのないひとです」

と洋子は言う。ソファの上でも、床の上でも、所かまわずヨコになり、ぐでんとしている。それだけ疲れていたともいえるが、宿澤からすると自宅は、つぎになにをするかを考えたり、身構えたりすることもなく、存分に羽を憩(やす)める場所でもあったのだ。息子たちが大学生になっても、洋子の言葉をかりると「舐めんばかりに」宿澤はくっつき、床を転がるようにしてふざけあっていた。

オフタイムともなると、宿澤は天真爛漫、無邪気な若者のようになる。

市場営業部門の部下は、宿澤からJポップの人気歌手・大黒摩季のライブに誘われた。

「観客は若いOLが多く、われわれ二人はちょっと浮いた感じでした。それでもスタンディングして腕をあげ、左右に振りながら、ずっと聴いていましたよ」

と同行した部下は語る。後日、このライブはNHKで放映された。カメラがもう少し右にパンしていれば、宿澤の姿も映ったにちがいなかった。宿澤もその映像を見て、一瞬ひやりとしたという。

ある夜、帰宅したとき、いつになく不機嫌な父親の様子が子どもたちに見てとれた。その表情は強(こわ)ばっていたし、むっとして黙りこくっている。

「どうしたの」

と次男が問いかけると、

「子どもは知らなくていい」

ときつい口調で一喝された。あとで母に不機嫌の理由を尋ねると、銀行に金融庁の検査が入り、業務が停滞したらしい。この日ばかりは不愉快さを拭いきれないまま帰宅したようである。

一連のバラエティ番組がおわると、ニュースの時間帯となる。政財官の事件が報じられると、口癖のように「けしからん」とつぶやく。そうするうちにその場で眠ってしまう。家族がテレビを消すと「見てたんだぞ」とつよがりを言う。

「パパ、おきてよ。こんな所で寝ちゃ駄目だよ」

居間で寝入った宿澤を息子が揺りおこすと、

「小姑（こじゅうと）みたいな奴だなぁ」

と言いつつ、寝室へとむかう。

「ビデオの再生すらできない」

宿澤家には書斎がない。それまで何ヵ所か移り住んだ社宅にも、亡くなる直前に建てたマイホームにも書斎はなかった。

「書斎は要らない」

と宿澤は言っていた。自宅にまで仕事を持ちこむときりがないという思いがあったからであろうし、中途半端に書物を読むとかえって隘路に入りこんだり、考えこんだり、迷いが生じたり理屈のために理屈をこねくりまわすディレッタントになったりして、大局を見失うと考えていたのかもしれない。書物は瞬発的な判断の妨げになり、不要と思っていたふしさえある。この潔さは、現場主義に徹し、自分の座標軸で考えて勝負に挑む宿澤の凄みを感じさせる。

息子たちは、これを読むといいと父親から書物を薦められたことは一度もなかった。息子たちが知る父親の読書といえば、グルメ情報誌を愛読する姿であり、家族で海外旅行をするとき空港で買い求めた推理小説をめくる姿であった。宿澤にとっての読書は、あくまでも暇つぶしにすぎなかった。

「家には仕事もラグビーも持ちこまず、自分から話題にすることもありませんでした」

と長男は言う。時折、テレビも見ず、黙りこくってダイニングテーブルでペンを走らせているので、なにかと思うと、ラグビーや仕事について新聞社や出版社から依頼されたエッセーの原稿執筆だったりした。

新聞の経済面にしても、どこまで真剣に読んでいたことか。そこにある市場情報の送り手は自分たちであり、記事は〝過去〟をなぞったにすぎない、と宿澤は同僚に語っていた。それは新聞ではなく旧聞であり、活きがよくない。なによりも役だつ情報はヒトから得られるというのが宿澤の持論であった。

さらに意外に思うのは、あれほど職場では〝空中戦〟を展開しながら、宿澤がパソコンに通じていないことである。自宅には洋子、孝太、悠介と三台のパソコンはあっても、宿澤のそれはない。ノートパソコンを持ち歩くようなこともなかった。

すでに第五章で述べたが、ロンドンから帰って日本でドル／円の為替ディーラーをしているとき、相場の動きを時々刻々伝えるロイタースクリーンを寝室においていた。その操作にしても、ほんの少しさわれば機能するように設定してあり、職場のパソコンにしても、最低限の操作でまにあうようにしてあった。

息子たちによると、父親は「機械オンチ」で、ビデオの再生すらできなかったという。宿澤にしてみれば、自分がパソコンの画面をにらみ、キーボードを叩いているようでは、リーダーとして適切な「判断」も「決断」もできない、それらの作業は若手にまかせるのがいい、という思いもあったにちがいない。

ふしぎなのは携帯電話の操作には長け、「携帯メール魔」と呼びたくなるほど、好んであちらこちらに送信していたことである。ただし、もっぱら活用したのは、プライベートな面においてである。亡くなる二年前から山歩きに興味をおぼえ、実況中継をするかのように写真を添えて《今、歩きはじめた》《こんな昼食だ》と洋子に伝えていたし、息子には《今日は「母の日」だよ》と知らせたりもする。

家族のコミュニケーションや遊びに最適な道具として携帯電話をうけとめたのであろう。出先ではじっとしていられず、いつもだれかに会うようにしており、移動中など一人になったとき、とりあえず「つぎ」にすることが携帯メールでもあった。

二人の息子への訓え

家では「ヨコ」になり、呆けたような姿を見せている父親であるが、NHKの「サンデースポーツ」などにゲスト出演をすると、別人かと思うほど表情や口調が異なっているのに息子たちは驚く。たまたま見つけた早稲田ラグビー部の監督時代のノートには、早慶戦を目前にしてミーティングで話すべきことが、戦術的な事柄から精神面にいたるまで、細やかに書かれており、息子たちは眼を瞠る。それ以上に、銀行員としてもラガーとしても、きっちり結果を残してきたことを、息子たちは尊敬の念をもって見つめていた。

「私にも弟にも、父はあこがれの存在でした」

と長男・孝太は言い、こうつづける。

「父は口数が多いほうじゃないし、子どものことなんか気にしていないのではないか……。私も弟も、自分たちは母に育ててもらったと思っていた時期もありました。しかし父が亡くなってから、その存在がいかに大きかったかをますます実感するようになりました」

孝太は東京慈恵会医科大を受験した。第一次試験の合格発表の日、父と子は大学の正門で待ちあわせ、掲示板の前でよろこびあった。だが「第二次の発表の日は会社を脱けだせない」と宿澤は言っていた。当日、孝太が大学に着くと、正門に宿澤が立っている。「なんで……」と口走ると、宿澤はにっと笑う。先に掲示板で合格を見届け、息子が到着するのを待っていたのである。かなり無理をして駆けつけたのであろう。それにしても父親として決めるべき印象的なトライを決めているのが宿澤らしい。

洋子が骨折して東京・中央区の病院に入院していたときも、宿澤は連日昼食時にタクシーを飛ばして見舞った。途中で弁当を買い、病室で食べていた。

次男の悠介は、早稲田大学法学部を卒業して、東大大学院へとすすんだ。そのあとヨーロッパの大学で学ぶべく留学先まで決めていたが、宿澤の死によって断念し、就職することにした。

「大学時代、経済の仕組みについてわからないことがあったので、父に携帯メールで問いあわせると、三十分以内に返事をもらいました。返事の早さにびっくりしました」

父親の姿から息子たちはなにを学んだのか。

孝太と悠介には、それぞれべつの場所でインタビューを試みたが、その返答はまったくおなじであった。

「集中力です」

宿澤が集中しているとき、孝太は「語りかけても反応が鈍い」と言い、悠介は「別人の顔になります」と語っていた。決めなければならないときは必ず決める、それが二人の息子に宿澤広朗が全身で伝えた訓えであった。

第八章
突然の解任

私は「法則」は好きではないが、それでも割と好きなのが、「ふたつよいことさてないものよ」という法則である。「ふたつよいことさてないものよ」というのは、ひとつよいことがあると、ひとつ悪いことがあると考えられる、ということだ。抜擢(ばってき)されたときは同僚の妬(ねた)みを買うだろう。宝くじに当たるとたかりにくるのが居るはずだ。世の中なかなかうまくできていて、よいことずくめにならないよう仕組まれている。

河合隼雄『こころの処方箋』

秩父宮ラグビー場の向かい側に焼鳥屋「串はし」がある。店内には、いまとなっては貴重な一枚の色紙が飾られている。

そこには宿澤広朗、上田昭夫（慶応大学ラグビー部OB）、森重隆（明治大学ラグビー部OB）の名がある。上田と森は、宿澤より一〜二年後輩だが、いずれも大学時代はライバル校のラグビー部に在籍しており、二十数年来の顔見知りであった。平成十三（二〇〇一）年の冬、宿澤、上田、森の三人が、この店で飲み、熱く語りあった。色紙はそのとき書かれたものであった。

その日、日本ラグビーフットボール協会で広報委員会があり、散会後、福岡から上京していた森が「宿（しゅく）さん、たまには飲みに行きましょうよ」と言って誘い、「串はし」へとやってきた。店内にいたラグビーファンの客は、三人に気づくと「早稲田、慶応、明治がそろって飲むの？　めずらしいことですね」とうれしそうに語りかけたりもした。いつもならば宿澤は、会合のあとすぐさま帰ったり、飲んだにしても途中で引き揚げたりしていたが、この日はちがっていた。

酔いがまわるにつれて、森は博多弁を丸だしにして、熱弁をふるう。

「このままではジャパンはいけん。つよくならんとぉ」

九九年秋のワールドカップは三戦全敗、翌年春のパシフィックリム（環太平洋六ヵ国対抗）は五戦全敗というありさまで、日本のラグビーは、もはや世界という舞台に立つのが気恥ずかしいほど低迷していた。

森に呼応して、宿澤も語る。

「このままでは勝てない」

宿澤が熱くなると、わが意を得たりとばかりに、森はいっそう熱くなる。

さらに上田も熱くなり、力説する。

「まずはユースを強化しなければ、日本はつよくなりませんよ。そのためには早急にそのシステムを整えるべきですよ」

宿澤は、しだいに森と上田に気圧（けお）されていくような感があった。

職場では市場営業部門の重職をこなしながら、宿澤は日本ラグビーフットボール協会でも評議委員（平成八年〜）、理事（平成九年〜）を歴任し、強化委員をつとめていた。役職名のとおり、日本ラグビーの底上げをして、その頂点に立つジャパンを世界に通用するチームにする立場にあった。

その日、三人は深夜まで飲んだ。

翌日、秩父宮ラグビー場で試合があり、宿澤と上田はふたたび顔をあわせた。

宿澤は上田を見るなり言う。

「あのさ、昨日の話だけどやってくれない？」

その場でユース強化の仕事を打診された。昨日の今日のことであり、その火照りもあって上田は肯く。翌年、宿澤は強化委員長に、上田はユース担当の強化副委員長に就いた。

このみずからの「判断」と「決断」による速攻は、宿澤ならではのものである。のちに上田は全国からユースの日本代表候補選手をあつめて強化する制度を確立させ、世界ジュニア選手権などで好成績をおさめた。

「おれが会長に立候補するよ」

「空白の十年……」

この言葉は、宿澤からすると一九九〇年代の経済界だけでなく、日本ラグビー界にもあてはまった。

ラグビー界の「空白」は、サッカー界とくらべてみると歴然とする。サッカー界ではプロ化が推しすすめられ、Jリーグが発足したのが平成四（一九九二）年、翌年開幕すると大人気を博しただけでなく競技人口もふやし、十年後の二〇〇二年にはワールドカップの日韓共催にもこぎつけている。

では、ラグビーはどうか。

九〇年代に世界のラグビー界は、過激なまでにプロ化へとむかっていった。九五年に国際ラグビーボード（IRB）が「オープン化（非アマチュア化）」を宣言すると、その翌年にはオーストラリア出身の世界的なメディア王ルパート・マードックがニュージーランド、南アフリカ、オーストラリアのラグビー協会に莫大な資金を拠出して、プロリーグを誕生させる。さらに翌年、保険会社チューリッヒがスポンサーになって、イングランドを中心にヨーロッパにもプロリーグが生まれた。

日本はどうかというと、世界の趨勢から六年遅れで、協会がオープン化やトップリーグ設立に取りくみはじめている。この間に日本と世界の実力格差が、いっそう広がっていった。

宿澤には危機意識がつよくあった。

《一番危機的なのは、日本のスポーツのなかでこれまでラグビーが一定の存在意義を示してきたにもかかわらず、そうした存在意義がなくなること。これに対しては、僕は強い危機感を抱いています。僕がいろいろな形でラグビーを変えようとしているのも、そのためだと言っていいでしょうね》

と後に語っている（宿澤広朗／永田洋光著『日本ラグビー復興計画』ＴＢＳブリタニカ刊）。

強化委員長に就いた理由について、すでに宿澤は理事として「改革案」を作成しており、強化委員長の交代時期にあたって推されたこともあって、新任の委員長にそれを押しつけるより、自分がやるのがいいと考えたという。

さらにいえば協会会長が金野滋（当時・三進興産、スコービルジャパン社長）から町井徹郎（当時・東芝副社長）に替わり、そのバックアップがあれば改革がすすむと踏んだようでもある。東大、東芝のラグビー部の元スター選手にして、企業人としても秀でたリーダーである町井の会長就任は、宿澤が望んでいたことでもあった。

町井の就任については、協会内に反対する一派もいた。はたして町井が会長になれるのか、反対の声がそれなりに大きくなれば、就任を要請されても降りてしまうのではないのかというような、微妙な情勢にあった。

宿澤の下で強化副委員長をつとめた笹田学（明治大学ラグビー部ＯＢ、現・横河電機〔中国〕商貿有限公司董事長）は言う。

「〝町井さんにならなかったらどうするんですか〟と宿澤さんに尋ねたことがあります。〝そのときは、おれが立候補するよ〟と宿澤さんは答えました」

ラグビー改革に懸ける宿澤の熱き思いと負けず嫌いぶりを、あらためて笹田は思いしらされた。改革案を練りあげた宿澤は、その誇りのつよさもあって、退くに退けないところにまできていたようである。

「だいたいは嫌われる」

宿澤は自身の信念をこう語っている。

《何かをやろうと思って本当に決意した時には、とことんすべてをやらないと実現しない。そのためには、相当決意を強く持たないとダメでしょうね。そこまで決意を固めた人間には、なかなか誰も反対できない。決意を固めて、自信を持ってやっている人間はつよいんです》(宿澤/永田・前掲書)

これまでその仕事ぶりを見てきたように、これはラガーとしてだけでなく、銀行員としての信念でもあった。

改革のためならばマスコミにも積極的に登場して、Jリーグの当時のチェアマン・川淵三郎とも対談した。そこでは両者が刺激的な発言をしている。

《川淵　ラグビーにもW杯ができて、協会も動き出した。外からは、そう見ていますが。

宿沢 これが、なかなか動かなかったんですね。早明戦にあれだけの観客が入る。何も変える必要はないんじゃないか。そういう人たちも多かった》

《**川淵** まず宿沢さんは、最後の切り札でしょう。ラグビー界の知性を代表しているんだもの(中略)。反対勢力は、どんな時にも必ずある。だから、もう意に介さないで、どんどん進めるべき》

《**宿沢** ナショナルチームの強さは、結局、協会の総合力ですね。

川淵 そう。そのものなんだ。とにかく不満分子は、どの世界にもいるんだから。みんなに反対されたって、こうと決めれば説得する。嫌われるんですよ。だいたいは。

宿沢 少しうるさがられてるくらいで、そんなに抵抗されているわけでもないのですが》(『ナンバー』平成十四年二月二十八日号)

この対談を読んで「改革」を好まない協会の古株たちはどう思ったか。Jリーグの最高責任者・川淵と、まだラグビー協会の頂点に立ってもいない宿澤が、公の場で対等に語りあうこと自体、異なる企業の社長と部長が渉りあっているようでもあり、眉をひそめる古株もいた。協会の古参幹部は「あれは宿澤君のやりすぎ、ちょっと問題ですよ」と私に語っていた。しかし旧弊に捉われることなく、真っすぐ突きすすむのが宿澤である。

アマチュアリズムの限界

宿澤が強化委員長のころ、早稲田ラグビー部の同期・田原洋公は、市場営業の職場を訪ねたことがある。すでに宿澤は銀行で執行役員に就いていた。

「エリートぶったところがなく、およそ頭取をめざしているようには見えなかった。仕事の話はそこそこに、ラグビーの話題になりました。ラグビーをめぐる環境をあと五年で立てなおさないと、なにもかもサッカーに持っていかれてしまう……と懸念していましたね」

宿澤広朗は、日本ラグビーの強化のために三つの改革を猛スピードで推しすすめようとした。

①「(日本代表の)オープン化」の実現

②「トップリーグ」(各地域リーグと全国社会人ラグビーフットボール大会を発展解消し、全国の社会人チームの強豪を一堂に会させて戦わせる。当初の名称はスーパーリーグ)の創設

③「エリートアカデミー」構想

まず、「オープン化」であるが、それまで日本のラグビー界は、アマチュアリズムのもとボランティアによる運営がなされてきた。協会の役員は無給の奉仕であり、日本代表監督にたいしても報酬が支払われることはなかった。

宿澤はこう述べている。

《ボランティアの最大の問題点は成果評価ができないこと。無償の善意に頼っている限り、その成果をあれこれ評価するわけにはいかないんです。典型的な例が今までの日本代表監督だったわけで、ボランティアが無償で代表監督を務めている以上、どんなに結果が悪くても辞めさせるわけにはいかなかった》(前掲書)

日本代表になったにしても、選手にも、選手を送りだす企業にも、メリットがあるのかどうか。それどころか一時的にせよ職場から脱けだす選手は、冷たい視線を浴びることになりかねない。

「なんとか選手が代表試合に専念でき、そして企業もよろこんで日本代表に選手を送りだせるように考えてくれないか」

宿澤からこう言われて、強化副委員長の笹田学はその方策を具体化させた。

「ぼくは人事にいたので、会社と選手の関係をどうするか、報酬をどうするかということについては守備範囲です。社会貢献を求められている企業を取りまく状況、さらには休職制度や出向制度を利用できると思いました。協会と企業が契約して、代表選手として出向してもらうようにする。その間の報酬は協会が企業に支払う。このような提案を宿澤さんにメールしました。宿澤さんはメールをそのまま使ってプレゼンしたのです」

宿澤は同時に外国人コーチとの専任契約、首脳陣のフルタイム化も提案していた。

「強化」の一点を見つめて

二番目の「トップリーグ」の創設が理事会の具体的な議題にのぼったのは平成十四年のことである。早期発足を宿澤は望んだが、理事会では二年後とされた。この決定に承服しかねる宿澤は、各チームの意向を尋ねてまわり、会長の町井徹郎に直訴して一年後の開幕にこぎつけている。

そして三番目の「エリートアカデミー」は、協会が才能ある選手を若いうちから育てて、将来の日本代表をつくるためのものである。宿澤は、現役の日本代表の選手がラグビースクールで指導したり、強化委員が地方の選手たちのもとへ巡回コーチとして出かけたり、さらにはコーチ委員会から認定されたコーチが教えるようなシステムを考えていた。

笹田は言う。

「日本代表をつよくすることが、協会の最大のミッション。この一点だけを宿澤さんは見つめていました。そのための改革であり、トップリーグの設立であったわけです。過去のしがらみ、表と裏、本音と建前といったものをいっさい持たないひとでした。ぼくはそんな宿澤さんが好きで、憧れてもいました。だから、ついていけたのだと思っています」

選手・監督時代は「勝利」、市場営業部門の責任者としては「収益」、強化委員長としては文字通りの「強化」という、宿澤の動きはつねに「勝つ」べき一点に集約される。この第一義さえ踏まえていれば、交友も信頼も地位もあとからついてくると考えていた。

無残なまでの大敗

これほどラグビー改革に情熱を注いできた宿澤広朗が、平成十五年まで強化委員長をつとめたあと会計担当の理事をつづけたものの、平成十七年六月の理事会をもっていっさいの役職から退任している。「オープン化」「トップリーグ」はスタートしたが、外国人コーチの採用など、まだ改革は半ばという時期である。ここで理事を退任するとは、途中で投げだしてしまったような印象さえもうける。あれほど改革の旗を振り、マスコミを舞台に決意を語り、先述した《何かをやろうと思って本当に決意した時には、とことんすべてをやらないと実現しない》という公言を思いうかべると、宿澤らしからぬ行動である。

この間に、いったいなにがあったのか。

スポーツライターの大友信彦は、協会内の保守派による巻きかえしがあったことを指摘している。

《'03年のW杯が終わると、宿沢氏は強化委員長を退いた。後任に座った勝田隆氏は、宿沢色を一掃した。ユース担当から上田（引用者注・昭夫）氏が外され、上田氏とともにユース強化に励んできた花岡伸明、石塚武生氏も追われた。'03年W杯でジャパンの奮闘を支えたテクニカルスタッフの中島修、秋廣秀一、村田祐造の各氏も任を解かれた。能力本位で機能していた強化委員会は、特定の人脈が重用される御都合集団に変貌していった》

この記事は『ラグビーマガジン』（平成十八年九月号）の宿澤広朗追悼特集の一本として書かれたものだが、宿澤の無念さや怒りを代弁しているように思われる。

宿澤が強化委員長から退いた翌年、平成十六年の十一月、ジャパンは欧州に遠征した。ラグビー宗主国に遠征するということは、日比野弘の言葉をかりると「国賓待遇」で迎えられるということであり、ジャパンチームは至れり尽くせりのもてなしをうける。当地のファンも善戦を期待しており、恥ずかしい試合をしてはならないのである。

ところがジャパンはスコットランドに八─一〇〇、ウェールズに〇─九八という無残なまでの大敗を喫している。当然ながら勝田隆強化委員長─萩本光威監督の手腕が疑問視され、十二月の理事会では解任が取沙汰された。

理事会は四時間に及んだ。ここで立てなおさなければ次回のワールドカップにまにあわず、外国人監督を招聘するという方向にいったんは大勢が固まった。しかし有力候補であるエディ・ジョーンズ（前オーストラリア代表監督）に断られたらどうするかという消極論も飛びだし、この案件は継続審議となった。

「組織としてありえない」

大友信彦の記事にはこうある。

《それでも宿沢氏は、議長の日比野会長代行に確認を求めた。

「外国人監督で行くんですね」

「そういうことです」

異議の声もなく理事会が終わり、理事たちは散会した。しかし、しばらく別室にこもった真下専務理事と浜本（引用者注・剛志）強化担当理事が報道陣の前で発した言葉は、直前まで討議されていたものとは、大きく異なっていた。

解任の流れにあった萩本監督は「一応続投。ただし本人の環境や条件を含めて確認する」（真下専務理事）。「外国人監督」という確認されたはずの事項は闇に葬られた……》

この叙述を理解するためには、当時のラグビー協会の勢力図が変わったことを知っておかなければならない。宿澤が恃みとしていた会長の町井徹郎は、その二ヵ月前の十月四日にガンのため亡くなり、急遽、日比野弘が会長代行をつとめることになった。しかし日比野はどこまで実権を握っていたのか。記事にあるように専務理事と強化担当理事によって、理事会の合意とは異なる発表がなされているのである。

宿澤が怒りに震える声で「理事会で確認したことが、発表されたときにはちがっている。組織としてありえない。最高意思決定機関が機能してない。信じられない」と語るのを大友は聞いたという。

町井徹郎の逝去は、宿澤には無念でならないことであった。

宿澤とともに改革をすすめた笹田学は、

「町井さんこそ改革の旗手だったのですよ。だからこそ、その下で宿澤さんは改革を推進することができた。なにも勝手にやっていたわけではないのですよ」

と語る。その後、協会の実権を握ったのは専務理事の真下昇であると言われている。

宿澤広朗の改革と退任をラガーマンたちはどう見ているのか。

堀越正巳――。

「宿澤さんはオープン化への道筋をつけたばかりでなく、協会自体の改革など、ばあいによっては嫌われるような仕事も一生懸命にやっていらっしゃいました。町井さんは宿澤さんのリーダーシップにとても期待されていた。ぼくたちもそうです」

平尾誠二——。

「ナショナルチームを強化しなければならないのに、従来のようなアマチュアリズムを標榜していていいのかどうか。そのあたりを宿澤さんは切りくずそうとしました。しかし組織を改革しようとすると波紋を呼ぶ。こうしたことにたいする絶望があったと思います」

上田昭夫——。

「なかなかプロ教育が追いつかず、資金源も不安でした。教育や資金確保など実務の面で動くひとがいなくて、宿澤さんはほんとうに苦労されたはずです。宿澤さんは報われたといえるでしょうか」

石塚武生——。

「あのころのラグビー界は〝カネの話はするな〟の一辺倒でした。それでは世界の潮流に乗れない。宿澤さんは、守旧派が多い協会のなかで奮闘された。ずばずば正論を言うタイプだったので、面白くないと思う人たちもいたと思います」

あまりにも斬新な考え

平成十七年六月、新たに会長に就任したのは、元総理の森喜朗である。ラグビー好きとはいえ、町井徹郎のように熱く改革の旗を振る会長ではない。「よしなに……」の政治決定に国民があきれ、最低の支持率を記録したこの元総理を会長に担いだことは、旧態依然たる協会の発想と改革にたいする熱意のなさを感じさせる。森喜朗の会長就任に「お飾りをおいて専務理事が実権を握った」と語るラガーもいる。

専務理事・真下昇は宿澤広朗の改革をどのように見ていたのか。インタビューを試みると、まずはラガーとしての宿澤を讃えた。

「私も進学校から東京教育大学（現・筑波大学）にすすみ、一年生からレギュラー選手になった。かれとは共通点があります。それだけに、そのなかで勝ちぬき、自分を律していく能力など、かれの才能の豊かさ、ラグビーへの想いは敬服するに値します」

と言う。さらに宿澤が代表監督として勝利をおさめたスコットランド戦でタッチジャッジをつとめた思い出などを語った（その一部は第一章で紹介した）。

発言は、協会幹部としての宿澤におよぶ。

「理事に就任したとき（平成九年）、かれは最年少で、しかも断然若かった。理事会に出席すると、トラディショナルな仲間のなかで異彩を放っていました。ラグビー界の古い考え方のなかにあって、かれの主張はあまりにも斬新でした。けっして間違ったことは言っていないのですが、いわゆる強硬論者で、予算措置の問題もあって急にはうけ容れられなかったのですよ」

宿澤のはっきりした物言いは、ほかの理事に誤解をされる面もあった。「頭も下げずに生意気だ」という理事もいたという。べつの古参幹部は「そんな言われ方をすると、これまで協会のために尽くしてきたわれわれはどうなるの、と言いたくなる」と私に語っていた。宿澤にしてみれば、長幼の序よりも大切なのは、その理事が改革への意欲を持ちあわせているかどうかであった。

真下は言う。

「とくに組織というのは、皆がおなじ方向にむくには時間がかかります。世代がちがえば価値観もちがいます。ですから丁寧に説得しなければなりません」

日本ラグビーの将来につよい危機感を抱く宿澤は、オープン化や外国人指導者の招聘、トップリーグの創設を急いだ。しかし、そのため財源を使いはたしてしまうことを真下は危惧した。「財源を使ってしまうなんて、銀行マンとしていかがなものか」

という声も真下に届いたという。

「私はかれの理念に賛成でしたが、財源の基盤を確保して、足元を固めてからでなければGOは出さないという考え方です。かれには会計役を任せていましたので〝そんなこと言ったって、まずカネをどうにかしなければいけないだろう〟と私は言いました」

宿澤は平成十六年からの二年間、常務として大阪本店に赴任した。だからといって、協会理事の仕事を投げだすつもりはなかった。

「かれは大阪に赴任した当初、大阪から理事会のたびに上京して出席していました。忙しいなか大変だったろうと思います。しばらくは大阪の仕事に専念し、またもどってこいよ、ということで理事は退任となったのです。またもどってきてくれると思っていました。まさかこんなこと（宿澤の急逝）になるとは、あとを託すことができる、つぎの時代を担う一番手だったのに……」

と真下は語る。宿澤の理念に賛成しつつもブレーキをかけた真下は、改革にたいする具体的なタイムスケジュールを持ちあわせていたのかどうか。たしかに宿澤は大阪本店では多忙をきわめた。しかし真下が言うように、仕事に専念するために協会理事を退任したとは、私には思えない。先述したように、宿澤は、いざとなれば自分が会長をつとめても改革を成しとげようとした決意の持ち主だったからである。

「辞めるべきはほかにいる」

民間企業の第一線の職場に身をおく者たちは、組織改正や業績回復などの改革は、一気に断行しなければ成しとげられず、効果がないことを体験的に承知している。しかし協会内の守旧派たちは、陰に陽に抵抗した。それは、宿澤の猛スピードに「アクセルはゆるやかに踏めよ」という耳ざわりのいい助言であっても、改革ストップを意味しているのである。そのことが、アマチュアリズムを標榜しながらも、お手盛りに慣れきった協会内の古参たちにどこまでわかっていたのか。

取材をつづけるうちに、宿澤は理事を「辞めた」のではなく、「辞めさせられた」のだという事実が浮かびあがってきた。

ある日、宿澤は協会事務局から電話をうけた。

「本年度（平成十七年五月まで）で理事を退任していただきたい」

ということであった。それまで改革に駆けずりまわった者を、電話一本で切りすてるという仕打ちに腹を立てたのか、宿澤は怒鳴った。

「辞めるべきはほかにいるだろう」

情報ソースは伏せるが、こうしたやりとりがあったことは事実であり、宿澤は自分から改革を投げだしたのではなかったのである。

その直後、宿澤は親しくしているラグビー関係者に、

「ラグビー協会の理事を辞めてやった」

と語っている。誇り高く生きてきた宿澤は「解任」という言葉を使いたくなかったのであろう。

この事実を私は日比野弘に確かめてみた。これまでにも何度かふれたが、早稲田ラグビー部の大先輩である日比野は、宿澤とは親しい関係にある。宿澤が卒業時に『早稲田学報』に書いた一文に触発されて、日比野は「努力は運を支配する」という言葉を座右の銘にしてきた。

「解任はありえない」

と日比野は言う。

「理事を代わるべきかどうか、宿澤から電話をもらったことはあります。彼が言うには、大阪に転勤して仕事が忙しくなるらしい。だから私は〝ここは銀行の仕事のほうを全力でやるべきだ〟と言いましたよ。宿澤は〝わかりました〟と答えた。宿澤は退任した、と私は思っています」

宿澤から電話があったのは、日比野の記憶によると「(平成十七年)四月か五月」だったという。とすると、宿澤が大阪本店に転勤して、すでに一年が経過している。次章で詳しくふれるが、その時点において、宿澤は銀行員として熾烈な大仕事を片づけていたのである。転勤や多忙を理由に、理事を降りる理由はなかったのである。

私は日比野に尋ねてみた。

——事務局から解任通告ともいえる電話をうけて、それとなく宿澤は日比野の意向を確かめたかったのではなかったのか。協会は自分を必要としているのかどうか、と。さらにいえば自分が協会から去るのを日比野が止めてくれるのではないか、と。

「……そうだったかもしれません」

と日比野は言い、この話題にはふれたくない様子が見てとれた。

〝和を以て貴しと為す〟の面が多分にある日比野は、宿澤の改革をどのように見ていたのか。

「ラグビー協会はアマチュアリズムで運営してきました。ラグビー人気が低下しても、カネを遣わずやってきた。その点ではミスリードがあったかもしれないし、サッカーにくらべるとラグビーが衰退したことの責任の一端は、われわれにもあると思っています。事なかれ主義でやってきた面もあり、組織として脆弱な面があるのも否めません。だから宿澤が言うようには急げないのですよ」

組織としての限界を痛感していたのか、日ごろから日比野は宿澤に「そこまでやると潰されるぞ。〝やはり宿澤の言うとおりだ〟と皆が思うようになるまでには時間がかかるぞ」と言っていたという。

宿澤は〝世界〟という舞台で戦う「日本らしいラグビー」をめざしていた。そのための改革であった。しかし、そうしたラグビーが観戦できる日は、宿澤の協会離脱によって遠のいていった。

協会を去って一年後の平成十八年四月、大阪勤務をおえた宿澤は、専務執行役員として東京本店にもどってきた。

日本ラグビーの低迷を憂える元ラガーの大物財界人の有志が、この年の六月三十日に宿澤を招いて、会食をする予定でいた。名目は宿澤の「専務就任の祝い」であるが、それは、日本ラグビーフットボール協会から外されている宿澤を心配して、再度この男を盛りたてていこうという「作戦会議」でもあった。しかしその矢先に訃報が届いた。

第九章
松下電器との攻防

好運に圧しつぶされないためには、不運に
耐える以上に大きな徳を必要とする。

ラ=ロシュフーコー『道徳的反省』

不慣れな環境に身をおいた所在のなさや淋しさだけではなく、その先に待ちうけている熾烈な交渉がもたらす不安が、宿澤広朗に異様ともいえる行動をとらせたのであろう。

平成十六（二〇〇四）年四月、三井住友銀行の常務執行役員・大阪本店営業本部長として大阪に転勤した直後、宿澤は社外の友人知人や家族に携帯メールを送りつづけた。

メールをもらった一人、ゴールドマン・サックス証券の立花陽三（現・金融法人営業部長／マネージング・ディレクター）は言う。

「毎日、メールや電話がありました。一日に三回もメールが届いたりもしました。〝大阪に来いよ〟〝来てくれよ〟〝いつ来るんだ〟という具合でしてね」

これまで宿澤は、ロンドン支店に七年半駐在した経験はあるものの、そのほかの勤務地としては東京都内から一歩も出ることがなかった。しかし五十三歳にしてはじめて国内転勤を体験したのである。

結果（収益）がすべてであったそれまでの市場営業部門とは異なる業務、さらには難航が予想される巨額の不良債権処理など、その転勤が頭取への試金石であるだけに、幾多の修羅場を乗り越えてきた宿澤といえども重苦しい気分になっていたのであろう。

立花は毎月のように大阪へとむかい、宿澤に会うことになった。

「転勤直後の宿澤さんの表情は暗かった。相当なストレスを溜めこんでいるようでした。一ヵ月会わないと〝いつ来るんだよ〟とメールが届くのですよ」

立花は、最初「業者」として三井住友銀行の市場営業部を訪れていたが、慶応大学ラグビー部の出身ということもあって、しだいに宿澤から親しく声をかけてもらえるようになった。いつしか仕事を離れて私的なつきあいもはじまり、宿澤が信をおく数少ない社外の人物の一人になっていた。

「宿澤さんは、曲がったことや汚いことをしないひとです」

宿澤よりも二十歳ほど若い立花は、銀行員にしてラガーのこの大先輩に、つねに尊敬の念をもって接していた。宿澤からすると、銀行内には、同世代のライバルや、能力を見極めなければならない部下たちがいて、そのつきあいはなにかと緊張を強いられる。しかし若い立花とは気楽に接することができ、自分をさらけ出したり、弟分か家族のようにふざけあったりしていた。

たとえば宿澤の酒量について、三井住友銀行の行員たちに問うと「ごく少量」とのことであり、飲み会があっても一次会で引き揚げていたという。だが立花とは夜遅くまで結構な量を飲んでいるのである。

「宿澤さんは、これといった仕事の話をするのでもないし、ラグビーについてもほとんど話題にしない。私の結婚について相談に乗ってもらったこともありますが、そのほかは吉永小百合と雑誌の取材で会ったとか、最近の女性タレントでだれが好きだとか、おたがい他愛のない話ばかりしていました」

宿澤は頭を空っぽにして無邪気なまでにふるまえる相手を必要としていた。単身赴任のため、社宅（マンション）に帰っても、仕事モードをＯＦＦにしてくれる家族がいるのでもない。いちはやく関西のテレビ番組をおぼえて、息抜きとして好きなお笑い系バラエティにチャンネルをあわせるものの、たった一人じっとしているのはもともと苦手にしていた。

立花と会い、飲んだり食べたり、サウナに入ったりと、屈託なく遊興することによって、不安をまぎらわせていたようでもある。この立花との交友ぶりを垣間見た宿澤の長男・孝太は、笑いながら「息子のぼくが嫉妬するほど立花さんを可愛がっていましたよ」と言っていた。

だが立花のもとに毎日のように送信されてきた携帯メールが、転勤して二ヵ月後にはしだいに止んでいった。

「松下家の聖域」の危機

頭取への階段を昇る宿澤広朗は、市場営業部門のあと、自分が業績をあげられる分野として投資銀行統括部のような部門の長に就くものと思っていた。ところが本人の予測に反して大阪本店に送りこまれた。

その理由について、当時の頭取・西川善文は語る。

「宿澤には市場営業だけでなく国内営業の中枢を歩かせるのがいいと思いましてね。まずは関西の大企業、そのあと中堅・中小企業、さらに個人事業家にも接し、キャリアを積んでもらいたかった」

たんに〝空中戦〟に秀でた出世頭というだけでなく、西川としてはこの頭取候補に銀行員として幅広い経験をさせたかったのである。さらにひとつ西川は、大阪本店において永年の懸案事項を解決するという「特命」(西川の言葉)を宿澤に課していた。

「両社にとって重要な問題だからたのむぞ」

宿澤を大阪に送りだすにあたり、と西川は言った。

その特命事項とは、行内で「松下案件」と呼ばれた巨額な不良債権の処理である。

松下電器産業は、平成十三（二〇〇一）年度、ＩＴ（情報技術）バブルの崩壊によって五千億円を超える税引き前損失を計上し、未曾有の危機に直面した。この年度がはじまってすぐの前年五月、赤字決算の兆しがうかがえたことから、緊急役員会をひらき、全社に「非常事態宣言」が出されていた。

「創業者・松下幸之助の経営理念以外はすべて破壊する」

この年度に社長に就任した中村邦夫（現・会長）は「創造と破壊」を掲げて〝聖域〟に踏みこむことも辞さなかった。この「中村改革」の最大の難関が、松下興産をめぐる金融機関との攻防であり、利害が対立する側の現場指揮官として宿澤広朗が投入されたのである。

松下興産は、創業者・松下幸之助が昭和二十七年に設立した不動産会社である。以来、幸之助が三十年以上社長をつとめ、つづいて幸之助の女婿・松下正治の義理の息子・関根恒雄が十八年間、社長の椅子に座るという、創業家が深く関与した〝聖域〟企業であった。しかし和歌山県の大型リゾート開発、和歌山マリーナシティ、大阪のビジネスパークに建てたツインタワー、新潟県の妙高パインバレー……等々の過剰投資から経営が悪化し、新聞報道によると「八千億円近い有利子負債」を抱えていた。

松下電器の副社長・川上徹也は言う。

「中村社長としては、この問題を解決せずして先送りすれば、後輩にたいして負の遺産を残すということで、どうしても解決したかったのです」

松下電器はニューヨークの証券取引所に上場しており、アメリカのSEC（証券取引委員会）の厳重な監督・監視下におかれている。松下興産が平成十四（二〇〇二）年に倒産しそうになり、グループ企業の支援ということで増資対応（三〇パーセントの出資）をしたが、これ以上、松下電器が松下興産に追加投資をすれば、SECの基準に抵触し、出資分の責任をはたせばいいという持分法適用会社でなくなる。一〇〇パーセントを出資したのとおなじような経営責任を負うことになり、イエローカードがレッドカードに切りかわり、本体の屋台骨を揺るがす怖れもあった。たんなる子会社ではなく創業家が経営する会社ということで、それまで松下電器のサラリーマン経営者たちは大胆な介入を控えてきた。だが、もはや静観できない危険水域にまで達していたのである。

副社長との「真剣勝負」

松下興産の不良債権処理は三井住友銀行にとっても永年の懸案事項であった。松下興産むけの融資残高の断然トップが、三井住友銀行の千八百三十億円であり、みずほコーポレート銀行の六百九十億円、りそな銀行の五百八十億円とつづき、この三行だけでも全体の六三パーセントを占めている。不良債権処理を急がせるため金融庁による銀行への査察も激しさを増し、メインバンクとしても放置できなくなっていた。しかし三井住友銀行の歴代担当者たちは、松下電器とのしがらみもあって、積極的な解決策を見いだせず、この「松下案件」に手をつけられないままできた。

西川善文は言う。

「両社（三井住友と松下）の利害がからむシリアスな案件ですが、まず私と中村社長が話しあって〝おたがい協力して解決する〟という基本線は確認しました。しかし相手（松下電器および松下興産）の名誉も傷つけず、おたがい納得ができる解決を見いだすのは並大抵のことではないとわかっておりました」

こうして西川の命をうけた三井住友側の宿澤広朗と、中村の命をうけた松下側の川上徹也が、しがらみを断ち切っての「真剣勝負」（川上の言葉）をすることになった。

それは決戦を前にした両社のエール交換であったのか。平成十六年夏、川上と宿澤は、三井住友vs.松下の企業対抗ゴルフコンペに興じた。

「このときはじめて宿澤さんに会いましてね。かれが大阪にきたミッションのひとつが興産の案件にあることは聞いていましたし、三井住友側の窓口になることも承知しておりました」

と川上は言う。しかし川上は、宿澤がどのような経歴の持ち主であるかを知ってはいなかった。

本書のプロローグでふれたが、宿澤の打つボールが二百八十ヤードも飛ぶので、川上が尋ねる。

「学生時代スポーツをやっておられたのですか」

「ええ、ラグビーです」

「ああ、そうですか」

あまりにもさりげない二人の会話に、側にいた旧知の三井住友の役員は驚き、「川上さん、ほんとうにこのひとを知らないの?」と問う。「申し訳ない」と川上が答えると、役員はラガーとしての宿澤の経歴を手短に説明した。この経歴を知ったからといって、川上に特別の感慨がこみあげてくることもなかった。

この日を境に、あれほど頻繁に送信されていた宿澤の友人知人宛て携帯メールが、しばらく止まった。「真剣勝負」がはじまったのである。

独特の爽やかさ

攻める側の銀行としては、少しでも多く融資残高を回収したい。守る側の松下としては、少しでも多く銀行に損切り（債権放棄）をしてもらい、かつ創業家の名誉も守りたい。双方の思惑は真っ向から対立した。

川上は言う。

「宿澤さんの後ろには西川さん、それに金融庁がいる。私の後ろには中村、それに創業家がいる。宿澤さんも私も、おたがい孤独な闘いだったのです」

金融庁は年度内に不良債権処理をするよう、銀行につよく要請している。背後からは戦果を期待され、宿澤も川上も、社運を賭(と)した「孤独」な戦闘を強いられたのである。

宿澤は部下を連れて何度も大阪府下の門真(かどま)市にある松下電器本社に足を運び、川上との交渉を重ねた。川上によると「凄まじい時間」が流れたという。

「銀行は仕組み(スキーム)を提案し、それを遂行するためにこういう部分を整理してくださいと言ってくる。それにたいして、私どもはそうじゃなくこっちがいいと押しかえす。宿澤さんはバンカーとしてのミッションをうけているので、堂々と主張をしつつ、ワーッとくるし、ときには脅しもします（笑）。しかし、われわれの立場もわかるというか……」

宿澤亡きあと川上は松下グループの約千五百名の経理担当者に宛て追悼の社内メールを送り、そのなかで《彼にはいつも爽やかさがあった。／そのパーソナリティのお蔭で、私もすべてをぶつけて戦えた》と書いている。

交渉に臨む宿澤の態度について、川上は言う。

「宿澤さんの爽やかさは、言葉ではなかなか言い難い。謙虚さ、真剣さ、見識を備えているし、そしてなによりも最後は笑顔というか、会うたびにこうした印象が私に残りましてね。私も宿澤さんには腹蔵なくすべてを伝えるのがいいと思いました。あらかじめ作戦を立て、出方をあれこれ練るのではなく、私の考えることを百パーセントぶつけるのがいいということで、精一杯の議論をしました」

川上からすると、宿澤広朗は信頼に足る人物であった。

「私は持論のように経理社員にたいして語ってきたことがあります。クリーンハンド（きれいな手）、クールヘッド（冷静な頭脳）、そしてウォームハート（相手の立場を思いやる心）であるべきだ、と。そう言ってきた私自身、宿澤さんと会話をするうちに、まさにそういうひとだなぁと感じました。そうは言っているが、裏ではどうなんだ、という心配をすることもなく、私も包み隠さずすべてを出せました」

大筋については宿澤と川上が議論をし、細部の詰めは部下にまかせる。それでも誤解が生じそうな気配があれば、携帯電話というホットラインで二人は語りあう。

「それまで私は携帯電話をあまりいじったことはなかったのですが、宿澤さんとはずいぶんやりあいましたよ。宿澤さんとゴルフをしたのはあとにも先にも、あのとき一回だけ。いっしょに食事はしましたが、酒を飲みながら、おいおい、やあやあなんて言えるような案件じゃありませんからね」

「髑髏が出てくる」

この時期、宿澤がつぶやくように語る言葉を耳にした者が何人もいる。

「ここ二、三日はしんどいことになる」

「今週はほんとうにつらいぞ」

「ひとつのヤマだ」

「疲れた……」

聞いた者たちは、その中身を知らなくとも、宿澤が重い案件を抱えていることは察することができたという。

逆の立場にある川上も、心境は宿澤とおなじであった。

「興産問題は、私にとって英語で言う〝スケルトン・イン・ザ・クローゼット〟でした。クローゼット（箪笥）をあけると髑髏（どくろ）が出てくるかもしれない。とにかく眠れない日がつづきました」

交渉がどのように推移し、一変してなにが飛びだすかわからない。川上によると、平成十六年末から翌年の二月にかけてが「最大のヤマ場」であった。

創業家に恥をかかせまいとする配慮によるものなのか、十六年夏からの交渉は極秘裏にすすめられた。その具体的な交渉経緯はいっさい報じられていないが、交渉がヤマ場にさしかかった平成十七年一月、日本経済新聞が遅まきながらこう伝えている。

《松下電器産業グループは経営再建中の不動産会社、松下興産（大阪府守口市）を銀行と共同で追加支援する検討に入った。外部への売却も視野に入れている。昨年末に金融子会社の売却も決まり、本業と関連が薄い事業の整理は最終段階を迎えた。「今年度中に支援策をまとめないと松下興産は減損会計に対応できない」（取引銀行）。同社の支援策を協議しているのは松下電器グループと創業一族の松下家、主力銀行の三

井住友銀行だ》(平成十七年一月二十日付夕刊)

この報道があった時点において、すでに両社の交渉はかなり煮詰められていた。

宿澤は行内の後輩に、

「松下にたいしては、銀行の論理で突っ張っても仕方ないんだよな」

と語っていた。

ほかの人間ではできない

結果を先に書くと、松下興産は、新会社を設立して一部事業を移し、残った事業を売却して解体された。新会社には米系投資会社エートス・ジャパンが百五十億円、松下家が五十億円を出資して、ビルの賃貸やマンションの販売をおこなう。これによって松下家の収入は保証されることになったが、松下家は保有していた松下電器株を売却し、大株主(第五位)から姿を消した。

この段階にこぎつけるまでに、メインバンクである三井住友銀行は、融資残高をある程度まで放棄しなければならなかった。その損切りをどれほどにするかが、交渉の最大の問題でもあった。すでに述べたように、その残高は千八百三十億円あった。損切りはその半額におよんだといわれている。

「損切りについては、最終的に西川さんが決断された。でも宿澤さんがいなければ、べつの方向にむかっていたかもしれませんね」

と川上は言う。メインバンクの決断によって、二十行の金融機関もそれに準ずる債権放棄をすることになった。

川上は松下グループの経理担当社員に送った宿澤の追悼文にこう書いた。

《彼がいなかったら、今の松下の姿はなかったかもしれない》

三井住友銀行は、平成十七年三月期決算において、巨額の赤字を計上することになった。不良債権処理費用が九千五百億円にふくらみ、法人部門、国際部門、市場営業部門の収益を呑みこんだのである。しかし最終赤字を発表した日、朝日新聞によると《西川頭取の表情はさばさばしていた。「とにかく、これですべてが終わる」》とある(平成十七年三月二十九日付)。

関西巨大企業との懸案の解決について、西川善文は私にこう語る。

「両社に痛みの伴う解決でした。量的には銀行のほうが痛みは大きいかもしれない。しかし相手の名誉も傷つけず、おたがい納得ができる解決にこぎつけた。宿澤の功績です。ほかの人間ではできなかったと思います」

宿澤の死後、川上徹也が社内に送信した追悼メールは、西川にも手渡された。

「メールを読んで、宿澤に感謝する先方の副社長の気持ちが私にも伝わり、うれしくなりました。まさにタフネゴシエーションといえる難しいディールでしたが、宿澤の人柄、解決策を思いつく能力、折衝の態度が評価されたのだと思います」

なにがなんでも融資残高を減らすという銀行の論理で押していけば、さらに交渉は長期化していたであろうし、たとえ銀行側の要求が百パーセント通ったにしても松下電器と創業家は瀕死の状態に追いやられていたかもしれない。

これから十年、二十年とつづく企業との取引を見すえたうえで、宿澤は奇策を弄することなく落とし所を模索し、西川の言う「おたがい納得ができる解決」をやってのけたのである。

二人だけの「祝宴」

しかし銀行内では、この「解決」を批判する声も聞かれる。宿澤の後輩社員は言う。

「損切りの額が大きすぎると思いますね。相手に譲りすぎではないでしょうか。西川さんの特命とはいえ、西川さんの下、宿澤さんの上にいる者たちは、宿澤さんに勝手に動かれて面白くなかったろうし、大阪本店でずっとこの懸案にかかわりあってきた松下チームにしても〝めでたし〟とはならない。かれらには収益責任があり、昇進昇格にも影響しますからね。しかし宿澤さんにしてみれば〝あそこまで譲らなければ解決を見ない〟となる」

宿澤ほどに歓喜にひたれない者が行内には何人もいると、後輩行員は指摘する。組織には、さまざまな思惑がうごめく。宿澤としても、懸案解決のよろこびを行内では諸手をあげて表現できなかったらしい。

「いまにして思えば、あのときが問題解決のときだったのかもしれませんね」

とゴールドマン・サックス証券の立花陽三は言う。前述したように立花は毎月のように宿澤に会い、私的な会話を交わしていた。だが立花自身は、宿澤から「松下案件」についてなにも聞かされてはいなかった。

あるとき宿澤は開口一番、

「いやぁ、大変だったなぁ。疲れたなぁ」

と立花に語りかける。その理由を尋いてほしそうな態度がありありとうかがえたので、

「どうしたんです」

と立花は問いかけた。宿澤はにっと笑うだけでなにも言わない。

その夜、宿澤はいつになく酒を飲んだ。焼き鳥屋やバーを四軒ほどハシゴして、酒を飲ませてくれる馴染みの店が閉まった時刻になっても帰ろうとしない。いたしかたなく、立花が宿泊しているホテルに宿澤も立ち寄り、二人は部屋の冷蔵庫にある酒類を飲むことにした。

「平日で、明日は仕事があるというのに、午前三時ごろまで他愛のない話をしていたでしょうか。〝松下〟という企業名は一言もなく、それでもときどきつぶやくように〝重い件がおわって、ほっとしたよ〟〝今回は忙しかったなぁ〟〝仕事したなぁ〟と語っていました」

その夜の宿澤の顔には、転勤当初の暗さは微塵（みじん）もなかった。

リーダーの条件

常務・宿澤広朗の着任によって、大阪本店において明らかに変わったことがある。

当初、それまで真っ白なワイシャツを着ていた部長以下の行員たちは、宿澤のブルーやピンクのカラーワイシャツに衝撃をうけた。ところが、しだいに部長をはじめ行員たちも色物のシャツを着用するようになったのである。

大阪勤務は、最初の一年間が営業本部長として「松下案件」などを処理し、つづく一年間は法人部門副責任役員として富山県から鹿児島県までの西日本地区にある七十四の営業店を駆けまわり、各地の本部長や主要取引先の経営トップに会った。

ジャパンの代表監督としてスコットランド戦に歴史的な勝利をおさめてからすでに十五年以上が経過していたが、その後もNHKテレビのラグビー解説などでお馴染みになっていたせいか、宿澤人気は根づよいものがあった。事前に宿澤の到来を知って「ぜひ、会いたい」「サインがほしい」「話が聞きたい」という数々の要望が取引先から営業店に寄せられた。

営業店は講演会や懇親会を催して顧客獲得を狙ったり、主要な顧客にはぜひ表敬訪問をしてもらうべく手はずを整えたりと、いまだ衰えない宿澤広朗の名声をおおいに利用した。

この時期、宿澤がおこなった講演を収録したテープを聴くと、無駄な言葉がなく、そのまま文章になるような明晰な語り口に驚かされる。職場でも、もやもや、ぼそぼそとしゃべっていたという部下たちの証言にくびをかしげたくなるほどである。その内容も、人気者がお茶を濁すようなものではなく、自身の体験がもたらした教訓を率直に語っている。

その、ほんのさわりを紹介すると——。

「日本の一般社会を見渡しても、企業内リーダーのなかにはあまり好ましくないと感じる、違和感のある人たちが少なからずいると思います。部長の下に数人の課長がいて、そのまた下に数人の課員がいて、さてほんとうにこの部長がいちばん優秀かというと、必ずしもそうではありません。実際に育てるという過程（引用者注・イギリスのようなリーダー教育）を経たならば、部長より優秀な課長が出てくる。課長より優秀な課員が必ずいるはずです。そうでないと、むしろおかしいのです。キャリアがちがうだけで、上司より優秀な人間が必ずいます。

ほんとうにいたならば、私たちはこのひとの能力を最大限活かす必要があります。日本の組織のありかたとしては簡単なことではないかもしれませんが、少なくとも、部下と張りあうような部長がいては、なんの意味もありません。やはり、組織の力を強化するには、個々の能力をより上手に活かすことです。そして、スペシャリストといえる人材のなかからリーダーを育てるというのが、私はもっとも正しい方法ではないかと考えています。

かつては万能なゼネラリストを育てようとした時期がありました。これは間違いではありませんが、ゼネラリストはそれほどたくさんいらないことに気づいて、いまはスペシャリストのなかからリーダーを育てようとしています。なにかのスペシャリストは、必ずゼネラリストより優れているように思います。銀行でも、融資をしたり、運用をしたり、為替などでディーリングをしたりといろいろな業務がありますが、すべてに万能である人たちを多数そろえる必要はありません。ほんとうの意味でのスペシャリストを少数育て、そのなかからリーダーを選ぶ。裏を返せば、なにかスペシャリストとして持っていないと、リーダーになれないということです」(平成十八年二月二日、和歌山法人営業部主催の経営交流会における講演「リスクマネージメントとチームワーク」)

気迫の企業訪問

一泊二日の予定で現地入りをすると、まず朝九時に営業店を訪れ、スピーチをする。そのあと午前中に二社、午後も三社、四社と訪問する。この程度の強行軍は、代々の担当者がこなしてきたが、ここでも宿澤は濃密な「真剣勝負」をしていたのである。

「表敬だけですむ会社であれば、前もって言っておいてくれ。それ以外の企業訪問はきっちりやりたい」

と宿澤は部下に言っていた。

この前むきの気迫が訪問先の経営トップにも伝わるのか、初対面であるにもかかわらず相手から「じつは大きな事業計画がありまして……」と打ちあけられたりもする。そのあと、かなり踏みこんだ話になり、最後は「やりましょう」となる。

「いいよな、ＯＫと言っちゃったからな。あとはよろしく」

企業訪問のあと移動中の宿澤から、こうしたトップダウンの携帯電話が大阪本店の法人部門や各地の営業店にたびたび入る。それによって三井住友銀行が、新たにメインバンクに躍りでた企業も何社かあったという。

西日本行脚をしている最中の平成十八年二月、福岡におけるその日のスケジュールを消化した宿澤は、夜九時に西鉄グランドホテルで「ヒゲの森」ことラグビー界の盟友・森重隆とその知人に会った。明治大学や新日鐵釜石で活躍した森は、福岡に本社をおく家業の森硝子を継いでいた。

ホテルのバーで飲みながら森は、宿澤があのスコットランド戦の代表監督をつとめたころを懐かしんだ。

「宿さん、もう一度、あのころの熱い気持ちをラグビー界にぶつけてくださいよ」

しかし宿澤の返事はどことなく歯切れがわるい。

「いま、おれがラグビー界の仕事をすると、株主代表訴訟でやられかねないんだよ」

この言葉を聞いて森は、銀行員として宿澤が栄達を図ろうとするあまり、ラグビーを見棄ててしまったのではないかと勘ぐったという。しかしすでに述べたように、その前年、過激に改革を推しすすめた宿澤は日本ラグビーフットボール協会から電話一本で理事解任を告げられていた。誇り高き宿澤は、そのことを森に明かしていなかった。

ほどよく飲んで森の知人が帰ることになり、森も腰をあげた。

そのときの宿澤について森は言う。

「ぼくが帰ろうとすると、宿さんが〝もう、帰るのか〟と声をあげる。あれ、と思いましたよ。普段は会合でも宴席でもさっと帰るひとのはずなのに、あの夜はなんだか名残り惜しそうな素振りでしたね」

「住友が放さないんだ」

毎日新聞大阪本社の編集局長・伊藤芳明（現・東京本社編集局長）は、宿澤が大阪にいた時期に何度か会って語りあった。伊藤は東大ラグビー部でキャプテンをつとめ、宿澤広朗がキャプテンをつとめる早稲田と対戦した。

「〇—六四という大敗を喫しましてね。宿澤さんは、ちょこちょこ動き、運動量が凄かった。即応力にも優れていましたね」

新聞社に入ってからの伊藤は、特派員としてエジプト、ジュネーブ、ワシントンに駐在したこともあって、宿澤と語りあうこともなかった。折から毎日新聞が主催する「コーチング講座」に宿澤が講師として招かれることになり、その機会に歓談をして、酒を飲んだり銀行を訪ねたりの交際がはじまった。

伊藤が大学時代の大敗を伝えると、

「記憶ないねぇ」

と宿澤は言ってにっと笑う。

日本ラグビーフットボール協会を話題にすると、宿澤が亡き会長・町井徹郎に心酔していた様子がありありとうかがえた。

「町井さんが生きていたら、協会も変わっていただろうが、もう全然ダメだ」

と言う。この時点において宿澤は協会を追放されていたのだが、そのことを伊藤は知ってはいなかったし、宿澤も口には出さなかった。

「協会の会長は、町井さんのように企業人で海外駐在経験があるひとがやるのが、いちばんいいんだよ」

「だったら、宿澤さんがやらなきゃ」

だが宿澤はこう答える。

「住友（三井住友銀行）が放さないんだ……」

宿澤の誇りと自信が見え隠れするような応答であった。

あの九・一一の日、伊藤も外信部長として陣頭指揮をとったので、職場は異なれども、おたがい話が弾む。

「そのあとアフガン、イラクとあったから、外信部は忙しくてね」

「流れのなかで判断するのがラグビーというスポーツだよね。ラグビーをやったおかげで、あのとき他行が躊躇しているなか、こっちは打って出られた。儲けさせてもらいましたよ」

こうして伊藤は度重なる対面をしたものの、かつての潑剌とした宿澤とは明らかに異なる面を見た。

「あまり元気じゃない。精気溢れるという感じじゃないんですよ」

毎日新聞社が主催した講演で、宿澤はこのようなことをしゃべっている。

《スポーツにはルールがつきものですが、ルール違反を犯してまで勝つことは許されません。どんな手段を使ってでもというのでは、これは勝利至上主義になる。ただ、頭に入れておかねばいけないことは、そのルールには曖昧な部分が多いということです。

最たる例が、昨今世間を騒がせているあのライブドアです。違法ではないけれど、非常にグレーな部分を攻めて収益をあげている。これは確かに、注目に値します》

(平尾誠二監修『キリカエ力は、指導力』梧桐書院刊、所収)

この時期、さらにひとつ、宿澤広朗は「課題解決型ビジネス」という新たなる大仕事に挑もうとしていた。

第十章
最後のプロジェクト

ばくち打ちだって、ばくち打っているだけじゃなくて、個人生活もあるからね。ばくちの勝負ばかりに運を使っていればいいというものじゃない。自分の人生すべてを、なにもかも含めて、六分四分のうち、六分の利をとっていくというのでなければ、運の制御（自在にコントロールすること）をしたことにならない。ばくちで勝って、健康を害する。こりゃア、大負け越しだね。ばくちで勝って、人格破産。これも、大負け越しだ。

色川武大『うらおもて人生録』

直接間接、大阪本店における宿澤広朗の仕事ぶりを見て、西川善文は「バンカーとして完成の域に達していた」と語る。「即断即決」「スピーディな処理」「明快さ」というリーダーシップの発揮の仕方において、西川は自分と似た資質を宿澤に感じていたようでもある。西川の言う「バンカー」とは、力量と見識を備え、大組織の頂点に立つ銀行家であることを意味するのはいうまでもない。

さらに、そこには先見性もくわわった。

毎日新聞社が主催する講演の場において、宿澤は「ライブドア」の社名を出し、《グレーな部分を攻めて収益をあげている》ことに注目していた。この年（平成十七年）の二月、堀江貴文が社長をつとめるライブドアは、時間外取引でニッポン放送株の三五パーセントを取得し、ニッポン放送が大株主であるフジテレビの支配権を手に入れようとしていた。連日、マスコミはライブドアとフジテレビの攻防戦を報じていた。

宿澤のわずかな発言から読みとれるのは、金融ビジネスに精通して《グレーゾーン》に踏みこむ者がまだまだ現れるという事態を予感しているということである。自身のラグビー体験からしても、勝負の世界には隙間を徹底的に突く攻撃があるのも承知していた。そういえば監督・宿澤が男をあげたあのスコットランド戦の勝利にしても、相手の秘密練習を双眼鏡で偵察するなど、みずからも《グレーゾーン》に踏みこんでいた。

講演録によると、そのあとつづけてこう語っている。

《競技スポーツでも、勝つためには、それがポイントです。そこまでやる。やるけれども、ルールで決められていない部分なのだから「フェアプレイの精神」でやる。頂点での争いは、勝つか負けるかの差がほんのわずか、むしろないに近い。グレーゾーンにもこだわるということは、それだけ競技を知り尽くすということでもあり、勝つためのこだわりです。言い換えれば、万全の準備というのはそこまでの広い対応をしておくことで、成し遂げられることだと思います》

折からこの年、ライブドアのみならず、関西経済圏では元通産官僚の村上世彰が代表をつとめる通称「村上ファンド」(MACアセットマネジメント)が猛威をふるい、いくつかの企業が買収の危機にさらされていた。秋口、阪神電鉄株の三八パーセント以上を買い占め、いちやく筆頭株主に躍り出、これまたマスコミを騒がせた。ライブドアや村上ファンドによる買収劇は、氷山の一角にすぎない。

宿澤広朗は西日本の営業店や主要取引先を駆けまわる一方で、こうした買収行為にたいし、銀行家としてあくまでも正攻法で立ちむかう方策を練っていった。

「きみ、プロじゃないの」

宿澤といっしょに対応策を練った法人部門の部下・廣田耕平（現・執行役員／西日本第二法人営業本部長）は言う。

「〝もはや戦後ではない〟というか、不良債権の多くが片づき、銀行業務が巡航速度に入っていく時期です。過去を踏襲するのではなく、高い目標にむかって業績をあげていこうというのが宿澤さんをはじめ法人部門にいる者たちの考えでした」

すでに数年前から廣田は東京本店でひらかれるＡＬＭ会議（資産・負債総合管理会議）の場で何度か宿澤の姿を見ていた。頭取以下、取締役や部長が出席して、外貨の持ち高をどうするか、中小企業への貸付残高を増やすにはどうすればいいか……等々を検討するこの会議において、市場部門の執行役員だった宿澤は進行役をつとめていた。

「私は副部長でしたが、部長の代理としてしばしば出席しました。サラリーマンというのは、えてしてひよるのですが、宿澤さんはバランスよく堂々と進行させていましたね。たとえば上席者の発言となると尊重して、一票なのに五票か六票のごとくにうけとめがちになる。一票は一票というのが宿澤さんでした」

廣田が大阪本店で宿澤直属の部下として仕事をするようになると、ある日、以前のALM会議が話題になった。

宿澤は軽い口調で廣田に言う。

「あのとき、きみは適当に発言してたよな。ぼくは意見を持たずに会議に出てくる奴は嫌いなんだ」

廣田は恥じ入るしかなかった。

すでに大阪本店で宿澤に再会したときにも、廣田は不甲斐ない気持ちにさせられていた。宿澤が法人部門に着任するにあたり、廣田と一時間ほど語りあったときのことである。

「この分野、シロウトだからなにもわからない。よろしくたのむ」

と宿澤は言う。廣田にしても、直前まで梅田の営業店で法人営業第一部長をつとめていたとはいえ、本店の法人部門に通じているとはいえなかった。しかしその場で宿澤はつぎつぎ質問をしてくる。廣田はほとんど答えられず、「すみません」を連発する。

あきれたように宿澤は言い放つ。

「きみ、プロじゃないの」

これにたいして廣田が「申し訳ありませんが、一ヵ月頂戴できれば、すべてを把握できるのですが」と言葉を返すと、宿澤は無言のまま「なんだ……」と言いたげな顔をしたという。相変わらず宿澤は部下に厳しい上司であった。しかしその場を取り繕ったり、気のきいた答弁をしたりしないがゆえに、かえって廣田は宿澤から一目おかれたようである。

「チームアップ」の必要性

そのころ宿澤は「松下案件」を決着させていたが、その体験から法人営業部や調査部という従来の戦力でこうした重要な案件に取りくむことに限界を感じていたらしく「チームアップ」という言葉をしだいに口にするようになった。日本語におきかえると戦力を量的にも質的にも向上させるということになるのだが、宿澤は組織改革の必要性も感じはじめていた。

さらにくわえてライブドア、村上ファンド、そのほか「ハゲタカ」と呼ばれる外資ファンド……等々、さまざまなファンドが企業に敵対的買収を仕掛けてくる時代の動きを宿澤は実感していた。低金利で円資金を調達できる時代、それを元手に株価の安い割には含み資産が巨大な企業を、ファンドが狙い打ちする。そうしてＴＯＢ（株式公開買い付け）などによって企業を追いこんでゆく手法が横行してきた。

「村上ファンドの例でいえば、そのファンドが入ったことにより、われわれのお客様である企業の価値が上がればいいのですが、企業が転売されるのであれば良しとしない。買収行為にたいしてどうすればいいか、事前の策としてどういう手が打てるのか、三井住友銀行としてご提案申しあげるようにしました」

と廣田は言う。

相手の仕掛けにたいして、ついつい「ポイズンピル（毒薬）」「ホワイトナイト（白馬の騎士）」といったテクニカルな対抗手段を取りがちになる。

「本質を見間違えるな」

宿澤は部下に繰りかえし語っていた。

「最大の防衛策は、その会社の企業価値を上げることだ。上場・非上場にかかわらず、われわれはすべての企業の価値を上げるために行動しているのだ」

この本質を踏み外す部下は、宿澤からきつく注意をされたという。

非上場化という対抗手段

企業の財務体質を改めるにはある程度の時間を必要とする。その間にも風雲急を告げる事態が巻きおこったりもする。そのようなとき宿澤広朗は果断に動くこともいとわなかった。

どのように動いたのか。私の取材に基づいて具体的な事例を紹介しておきたい。

アパレルの大手ワールド（本社・神戸市）は、株式を買い占められたり、それによって性急な株主権利を主張したりする世の風潮に危機感を抱いて、あえて上場を廃止する方針を固めた。経営破綻をしたのでも粉飾決算によって上場基準に抵触したのでもない。この会社は財務体質が優良であり、それだけに非上場化は意外な印象をあたえる。しかし株式を非上場化すれば、投資ファンドに狙い打ちをされるおそれはなく、それが企業防衛になると踏んだようである。

「ワールドの経営陣が株主から自社株を譲りうけるMBO（マネジメント・バイアウト）に打って出るらしい……」

平成十七年四月、神戸の法人営業部を通じてこの情報を得た宿澤は、今後の銀行業務の可能性がここにあると察知して、すぐさまワールドの社長・寺井秀藏に会った。ラグビーチームを持つ会社でもあり、当然ながら寺井は宿澤広朗の名声を知っていた。しかし財務体質がいいだけに、それまで銀行とは縁遠い企業でもあった。

ラグビーを話題にして、やあやあ、なあなあで話がまとまるような甘い交渉ではない。三井住友銀行のほかに、いくつかの銀行や証券会社が、具体的な提案をし、自分たちの案が採用されるよう競いあうことが予想された。

宿澤は機動性を重んじた。すでに寺井秀藏に会う以前に、ワールド経営陣が市場から買う一株の値段や三井住友銀行がそのため準備する資金、返済期限などについて、宿澤は頭取に就任したばかりの奥正之とも連絡をとって煮詰めていた。いずれにせよ、経営陣が自社株をすべて買いもどすといっても、先立つものはカネであり、金融機関がいかなる条件で融資するかが決め手となる。宿澤は寺井に会い、とりあえずの挨拶をしたのではない。この時点において、かなり突っこんだ話をし、大筋を決めた。手をこまねいていると、他の金融機関に攻めこまれるだけでなく、その間にも密かに買収工作がすすめられるかもしれない。

その後、素早い展開が為された。

七月二十五日、ワールドはマスコミ関係者をあつめて、経営陣による自社株買い、すなわち企業買収（ＭＢＯ）の手法により、株式の非公開化をすると発表した。

その理由について寺井秀藏は、

「株式を公開していては大胆な戦略は取りづらい。長期的な視野で機動的に経営するためです」

と語った。寺井の言葉をにわかに信じがたかったらしく、記者たちは裏読みをして《敵対的買収を防ぐ　外国人持ち株比率が上昇するなど買収リスクが高まっていた》と報じたりもしている。

二日後の七月二十七日、ＴＯＢが、九月一日までという期限付きで開始された。

中途半端な方針は無意味

取得をめざすのは、ワールドの保有分を除く三千九十九万株（六六・六七パーセント）で、一株あたりの買い取り価格は四千七百円である。ということは、ワールド側はみずからの会社を買収する資金として、二千三百億円を準備しなければならない。経営陣にそのような巨額な自前資金があるのか。報道によると社長の寺井自身、自前資金は十億円にすぎないと明かしている。残りは金融機関からの出資や融資にたよることになる。

三井住友銀行は幹事として、他行にも呼びかけてシンジケート団を組成した。「シ団」の組成といえば、二十五年以上も前、宿澤広朗がロンドン支店で取りくんだ仕事でもあった。

この巨額な資金提供には、経営陣によって買収されることになるワールドの資産や将来の収益を担保にするＬＢＯ（レバレッジド・バイアウト）の手法が使われた。

こうしてワールドはＴＯＢに成功し、十一月十五日、上場廃止にこぎつけた。

ワールドの非上場化を推しすすめる途中、シンジケートの一員であるＵＦＪ銀行は、東京三菱銀行との合併問題が巻きおこったことにより、この案件から降りた。幹事である三井住友銀行にしてみれば、大きな痛手であったが、指揮官・宿澤の取りくむ姿勢はぶれることはなかった。

「とにかくやる、やり遂げる」

と宿澤は部下たちの前で明快に語り、迷うことなく突きすすむ。

宿澤は、職場や講演の場でこう語っている。

「指導者の中途半端な方針は無意味。決めたことについて、だいたいのことは、やろうと思えばできる。そこに間違いがないとは言えない。間違いが二回に一回ではダメだが、十回やって二回くらいならいい。肝心なのは、そこを怖がらないこと。思いきって決断したら、責任をもってやりとげる」

　あるときはラグビーの監督として、あるときは経営幹部として、自分が「弱気」になるのを戒めていた。

　結果として、三井住友銀行は八百八十二億円を融資している。通常より高い金利で貸すという旨みがあり、手数料（フィー）も入る。しかしそれだけでなく、この「課題解決型ビジネス」に宿澤は新たな銀行業務の可能性を見いだしていたのである。

「ワールド案件」では、細かな作業をする過程において、しだいに部員たちの気持ちも高ぶっていった。しかし宿澤は檄を飛ばすでもなく、そうした過熱した動きを淡々として見ていた。決着がつき、部員たちの気分が最高潮に達したとき、こう言う。

「ＭＢＯが終了したところから、われわれ銀行本来の仕事がはじまる。このあと、この企業がどのように事業展開をして、企業価値を高めていくかが大事なんだ。そのスケジュール表を作成してくれ」

　その後、ワールドは自社株の一部を取締役や執行役員ら計二十七人に売却、新株予約権（ストックオプション）を約四百五十人の管理職を対象に発行すると発表した。さらに上場廃止から一年後の平成十八年十一月、直営店の販売業務にたずさわるパート約六千人のうち五千人を販売子会社の正社員として雇用している。こうした動きが、どこまで銀行作成のスケジュール表を反映したものかは明らかにされていないものの、いずれにせよワールドはMBOの成功によって生まれ変わった。記者発表の場で寺井秀藏は「短期の業績を意識せず、長期的な視点で経営していきます」と語っていた。

あるとき宿澤は部下の前でつぶやいた。

「銀行が儲けるためにこういうことをしていると、マスコミはじめ世間から見られている。そう見られるのが残念だ。そのためだけにやっているのではないのだが……」

白黒の決着をつけ、当面の収益をあげるというその局面だけに捉われるのでなく、ロング・スパンでものごとを考え、つねにつぎなる局面を頭のなかに描く。この本領はすでに「松下案件」の解決においても発揮されたように、この時期すでに銀行家(バンカー)としてのあるべき姿を握りしめていた。

「課題解決ビジネス」の前進

かつて十三行あった都市銀行は、いつのまにか三菱東京UFJ銀行、みずほ銀行、三井住友銀行の三大メガバンクに整理されていた。手をこまねいていると、三井住友銀行は永遠の「第三位」となり、行内の士気も低下していくことになりかねない。

これまでの猛進的な体質を反映するかのように、ひたすら突っ走るにしても、新たな戦略を必要とする。

「他行とおなじ路線を走っても、ぶつかるだけですよね」

部下の廣田耕平が語りかけると、

「そうだよなぁ……」

と宿澤は肯く。「第三位」であるがゆえに、ここでオリジナリティを打ち出さなければならないと思ったようである。

宿澤はさらに機動力を発揮する。

十一月に「ワールド案件」の決着（非上場化）がつくと、すぐさまその月、宿澤の発案によって「株式非公開化のセミナー」が催されることになった。

当初、宿澤はこの「セミナー」をマスコミにも告示してガラス張りで催し、あらゆる企業から財務・経理の担当者を参加者として募る考えでいた。しかし、それでは新戦略の手のうちをさらけ出し、ひいては他行に塩を送ることになるかもしれないという意見もあって、とりあえずは三井住友銀行の取引先だけに電話で呼びかけることにした。それでも二百社以上から参加希望者があり、あらためて「株式非公開」（非上場）への関心の高さがうかがえた。それだけ各企業が「敵対的買収」にたいする危機感を抱いていたということである。

その日、会場のホテルでは、宿澤の基調講演、弁護士による「敵対的買収」などの解説、「ワールド案件」に取りくんだ者による「非上場化」の経緯が明かされた。銀行が顧客の情報を明かすのはご法度とされているが、この場で「ワールド案件」を語ることについて、宿澤は事前に社長・寺井秀藏の承諾を得ていた。MBOの成功の背後には宿澤たちの尽力があったという思いがあるからこそ、寺井も経緯の公表を了承したのであろう。

この「セミナー」に触発されたのか、参加した企業から直後に依頼が舞いこみ、大阪本店の法人部門は同時に五社の「案件」を抱えることになった。

「Aチームだけではこなせず、Bチームも結成する忙しさとなりました」

と銀行内の担当者は語っていた。

さらにそこには江崎グリコ（本社・大阪市）の「案件」もくわわった。

「江崎グリコ案件」

以下の新聞報道には、対処に急を要する事態のなかで、裏方としての宿澤たちの動きが見え隠れしている。

《江崎グリコは（十二月）九日、江崎勝久社長の夫人が社長を務める掬泉（きくせん）商事（大阪市）が十四日付で同社株の一四・一三％を保有する筆頭株主になると発表した。同社株を巡っては先月十一日、投資ファンドのスティール・パートナーズ・ジャパンが一二・四五％（共同保有分を含む）を取得したことが、関東財務局に提出した大量保有報告書で明らかになったばかり。

グリコは「安定株主が筆頭株主になったと認識している」（広報部）とコメントしている。

掬泉商事は一九九〇年設立、当初は江崎社長の個人資産の管理業務などを手掛けていた。九月末でグリコ株の七・四九％を保有する第二位の株主だったが、銀行借り入れにより百十三億円を調達するなどして、一株千三百五十円で八百三十九万八千株を米系信託銀行から新たに取得した》（『日本経済新聞』平成十七年十二月十日付）

この記事にあるグリコ株を買い占めたスティール・パートナーズとは、徹底した秘密主義で知られる米系外資ファンドである。この記事の以前にはユシロ化学工業や毛織物染色大手ソトーの株を買い占めてTOBを仕掛け、以後に明星食品も同様に揺さぶり、サッポロホールディングス（サッポロビールの持ち株会社）に買収提案をするなど、なにかと世間を騒がせている。

この外資ファンドに狙われた江崎グリコは、ともあれ記事にあるように、防衛のため《銀行借り入れにより百十三億円を調達するなどして》安定株主工作をしたのである。その銀行が三井住友であり、動いたのが〝宿澤部隊〟であった。

翌年（平成十八年）五月、江崎グリコが株主にむけて発表した文書『当社株式の大量取得行為に関する対応策（買収防衛策）の導入について』を読むと、そこにはかねて宿澤広朗が語っていた理念や「企業価値」などの用語がちりばめられ、その文書作成にもかかわったことが推察される。

一部抜粋して紹介すると——。

《近時、わが国の資本市場においては、対象となる会社の経営陣の賛同を得ることなく、一方的に大量の株式の買付を強行するといった動きが顕在化しつつあります。

もとより、当社（江崎グリコ）は、株式の大量買付等であっても、当社の企業価値・株主共同の利益に資するものであれば、これを一概に否定するものではありません。また、株式会社の支配権の移転を伴う買収提案についての判断は、最終的には株主全体の意思に基づき行なわれるべきものと考えております。

しかしながら、株式の大量買付等の中には、その目的等から見て企業価値・株主共同の利益に対する明白な侵害をもたらすもの、株主に株式の売却を事実上強要するおそれがあるもの、対象会社の取締役会や株主が株式の大量買付等の行為について検討しあるいは対象会社の取締役会が代替案を提案するための十分な時間や情報を提供しないもの、対象会社が買収者の提示した条件よりも有利な条件を引き出すために買収者との交渉を必要とするもの等、対象会社の企業価値・株主共同の利益に資さないものも少なくありません》

みごとなファイリング

すでに述べたように、西日本の営業店や顧客を訪問し、請われると講演をするのも、宿澤の仕事であった。しかし風雲急を告げるような「案件」もあって、出張の当日に取引先からSOSが入り、予定変更をして駆けつけることも何度かあった。

「案件」がもたらされた企業に宿澤が単身出向いていくのはめずらしいことでもない。部下に「ついてこい」「側にいてくれ」と言う上司ではなかった。企業のトップとかなりつっこんだ話をすると、具体的な詰めの作業を部下にまかせる。よくそこまで踏みこめるものだと、部下たちは宿澤の理解力に感嘆していた。

そもそもラグビー関係者など外とのつきあいもあって、残業をそれほどしない宿澤であったが、そのころは夜の八時までも仕事をすることがあった。

「おう、まだいたのか。飯を食いにいこうや」

という電話を宿澤からもらい、仕事に区切りをつける部下もいた。飲食をするときは仕事の話はいっさいせず、自分から「息子がね……」と切りだしたり、「きみの奥さんどうしてるの」と問いかけたりと、私生活をはじめ遊びの話題に終始していた。

宿澤は案件を解決するにあたって、まずみずからA4の用紙一枚にその道筋を書き、それを部下に手渡す。戦略の覚書とでもいうか、おそらくワールドのときはMBO→TOB、江崎グリコのときは筆頭株主の座の堅持→安定株主工作など、企業の事情に応じて課題解決の道筋を勘案していたのであろう。各企業の財務体質のみならず、経営者やその一族の内情にまで精通していなければできそうにない芸当である。

「どうしてあんなに上手く要件を整理して用紙一枚にまとめられるのか。ふしぎに思っていました。その理由があとになってわかりました」

のちに宿澤が東京本店に去ったあと、廣田耕平は宿澤の執務室に残された資料を整理した。ファイルは段ボール五箱にもなり、重要度を踏まえたうえで案件、企業、営業店などに仕分けしてきっちりとファイリングがされている。かつて廣田が手渡したペーパーには宿澤の字で追加の書きこみもされていた。

「あのみごとなファイリングによって、宿澤さんの頭も整理され、短時間のうちに企業の業容も把握でき、経営トップともわたりあえたのだろうと思いましたね」

と廣田は語っていた。

山歩きの極意

その行動エネルギーは無尽蔵といえるほどのものであった。

それまで「勝った」「負けた」のラグビーという競技スポーツに打ちこんできた男が、その心境に微妙な変化をきたしたのか。大阪で単身生活を送るうちに、週末ともなると宿澤広朗は日帰りの山歩きをするようになった。山歩きは、競うことよりも「達成感」や「自己満足」を第一義におく。

そもそもは北新地のクラブで山歩きが話題になり、宿澤は興味をおぼえたという。最初だけはその仲間にくわえてもらったが、以後、六甲、播磨、北摂の山々に単独で登り、実況中継をするかのように妻・洋子に写真つきの携帯メールを送信している。

それにしても、呑みこみの速さには感心するしかない。

「どうやって山登りのテクニックを習得したのですか」

部下の廣田耕平が尋ねると、

「簡単なことだよ。登山口に近い駅で電車を降りるだろう。駅付近にいる登山者たちを見て、そのなかにいるベテランとおぼしきひとについていけばいいのさ。シロウトほど速く歩こうとするが、ベテランはそうじゃない」

と平然として宿澤は言っていた。山歩きにおいても、宿澤の独自性が脈打っていた。

廣田は言う。

「宿澤さんから山歩きに誘われたら、私も行くつもりでしたが、それはなかった。ひとりになりたかったのでしょうね」

公的資金が導入されたこともあって、銀行員は週末のゴルフや接待をまだ自粛していた時期でもある。宿澤にとって山歩きは、運動不足を解消するためだけでなく、ラグビーと決別させられた気持ちの澱(よど)みを晴らすためのものでもあったのだろう。同僚を誘わなかったのは、宿澤なりの遠慮が働いたのかもしれない。もともと土日には、めったに部下に電話をかけることもなかった。

宿澤の次男・悠介が大阪の社宅を訪ねたとき「なんばグランド花月に行ったぞ」とうれしそうに言い、悠介にも勧める。山歩きの翌日など、宿澤はひとりその劇場に出かけ、吉本興業所属の芸人たちがふりまく笑いに興じていたらしい。

長男・孝太が医師の国家試験に合格したときは、馴染みの北新地のクラブに誘い、高級な酒を飲ませたりもしている。

しかし二人の息子が社宅で見た父親の姿は、東京にいるときとは異なっていた。なによりも驚いたのは、テーブルにおかれた灰皿が吸い殻で山になるほど煙草を喫っていたことである。東京の家では喫煙量もほどほどであったが、大阪ではストレスが溜まるのか……。宿澤は後輩の行員に「家族には内緒だが、一日、セブンスター三箱だよ」と語っていた。

大阪に転勤した当初は、不慣れな環境に身をおいたせいか三キロほど痩せたというが、さまざまな「案件」がもたらされた二年目には、体重は八十キロ近くにまで増え、血圧は上昇し、降圧剤を服用していた。しかし弱みを見せたくなかったのか、クスリの服用を部下には伝えてはいなかった。

CA本部の開設

宿澤のエネルギーは、銀行機能の改革にも費やされるようになる。

ワールドや江崎グリコの案件に取りくんだ平成十七年の初夏から晩秋にかけて、宿澤は、東京にいる執行役員の清水喜彦としきりに連絡を取りあった。第三章でふれたが、清水は、宿澤が駆けだし行員時代に「ヘッドロック」をするようにして採用した早稲田大学の後輩であった。それから二十八年後、清水は法人企業統括部長に就任し、全国に百八十八ヵ所ある営業店を掌握する立場にあった。宿澤と清水が語りあううちに、これまでの銀行にない構想がふくらんでいく。

「この先、銀行はどうすればいいか、宿澤さんと考えが一致し、やろうじゃないかという方向へむかっていきました。十一月から宿澤さんはもの凄くやる気になっていました」

と清水は言う。銀行には取引先にたいして「信用創造機能」「決済機能」があるが、これから重要になるのは「情報集約機能」であるというのが、清水と宿澤の考えであった。

三井住友銀行は二十万社以上の企業と取引があり、経営幹部からさまざまな相談や依頼をうけたりしている。これら企業情報を分散・死蔵させるのではなく、集約・整理して業種別の知識と見識を銀行内に蓄積するのがいい。いかなる優良企業であっても必ず経営課題があるので、銀行内に蓄えられた業種別の知見によって課題解決にあたり、顧客の企業価値を上げれば、さらに銀行が収益をあげる機会も生まれてくる。この「課題解決型ビジネス」にこそ銀行が生きのびる道があるというのである。

猛スピードで、新設の部署が立ちあげられた。

平成十八（二〇〇六）年四月十一日、宿澤広朗の声が、東京・大手町にある三井住友銀行ビルの十階会議室に響いた。

「現在、銀行の企業アプローチが弱くなっています。これを是正するべく、われわれの部隊が生まれたのです。最終的には、当行の若手がここで働きたいとあこがれるような部署にしていきたい」

その場にいる約五十名の幹部社員は、宿澤の言葉を、一言も聞き逃すまいと熱心にメモをとっていた。

前年から検討されてきた「課題解決型ビジネス」が、いよいよ動きだした。銀行業界初の「CA（コーポレート・アドバイザリー）本部」が開設されたのである。大阪勤務をおえた宿澤がみずから手をあげ、初代本部長として指揮をとることになった。同時に宿澤は、取締役専務執行役員にも就任した。

旬を嗅ぎ分ける能力

その会議室にいた副本部長（執行役員）の山中龍夫は、宿澤が「自分は目先の利益にこだわらない」と言いきったことに、このCA本部に懸ける意気ごみを感じたという。

「組織を編成するにあたっても、若手登用や実力主義をうたうなど、宿澤さんらしい考えが反映されました」

総勢百五十名のCA部隊は、約二千四百社の大手取引先を電気、IT、機械、化学など十二の業種にわけて担当し、「課題解決」にあたる。敵対的買収を仕掛けられて苦境に陥ったとか、株式を上場しているが経営を維持するのが困難になったとか、敵対的買収ではなく事業分野を拡げるためにほかの会社を買いたいとか、企業のニーズを発掘して即座に対応する。こうして「企業価値」を向上させる手伝いをすることによって銀行の貸し金、預金、為替取引などのシェアを拡大していこうというのである。これらのビジネスはすでに宿澤が大阪本店で体験しており、さらに銀行内で特化させて取りくんでいくことになったのである。

山中は、宿澤の「旬を嗅ぎ分ける能力」に感心していた。この能力が、萌芽から発足までわずか六～七ヵ月のうちに前例のない部署を誕生させたのであり、宿澤あってのＣＡ本部のセットアップでもあった。

宿澤は幹部社員に言う。

「大切なのはスピードだ。いま、やれることはすぐにやれ。中長期的な課題であれば、手を打っておけ」

このスピーチの内容からも、宿澤が、これまでの三十三年間におよぶ銀行員の仕事の集大成としてＣＡ本部というビジネスを打ちだしたことがうかがえる。この部署で求められる人材は、かねて宿澤が訴えてやまなかった「判断力」と「決断力」が血肉化したリーダー候補であった。

会議の場では、宿澤はこう言う。

「なんでもかんでもやろうとすると、スピードが殺がれる。客が望むことを最優先し、特化してやることだ」

だが新設部署を軌道に乗せようとする宿澤の熱き思いを、どこまでCA本部の部員は理解していたのか。後日、会議の場でいつになく宿澤が声を荒らげ、怒ったことがあった。

ある管理職が、自分が担当する業界の動向を説明するにあたって、

「新聞報道によりますと、この業界は……」

と言った瞬間、宿澤の怒りに火がついた。

「〝新聞報道によりますと〟とは、なにごとだ。新聞から情報をもらうのが、われわれの仕事ではないぞ。逆に、業界や企業に精通して新聞に情報を流すぐらいでなくちゃな。われわれはプロとしてそれぞれに各業界を担当しているのだ。その気概を持て」

この時点において、部員のなかには宿澤の言わんとする意味が理解できない者もいた。しかし「課題解決型ビジネス」の成果が新聞で報じられ、各業界にも影響をあたえはじめ、少しずつ新しい潮流が巻きおこると、多くが「なるほど」と納得した。

ある部員が、担当企業との交渉が頓挫した経緯を報告すると、宿澤は言う。

「たまに負けるのは仕方ない。だがなぁ、やられたらやり返せよ」

宿澤は燃えていた。

しかし新部門の発足から二ヵ月半後、思いもよらないノーサイドの笛が宿澤広朗に鳴ったのである。

先頭をきって歩いて

かつて新橋支店でいっしょに仕事をした淵岡彰が、久しぶりに再会すると「運動不足でねぇ」と宿澤は言っていた。

「じゃ、今度ゴルフに行きましょうか」

「いや、それよりも山へ行こう、山へ」

大阪時代、宿澤は山歩きをしていることを淵岡に明かしていた。それならばと淵岡は、かつて勤務した大塚駅前支店のメンバーや顧客と毎月催している山歩きの会があることを告げた。

「ぜひ、誘ってくれよ」

こうして宿澤もくわわって平成十八年六月十七日の土曜日、赤城山の外輪山・鈴ヶ岳（一五六五メートル）に登ることになった。

その日、朝六時半に京浜東北線の北浦和駅前に集合し、そこから淵岡のマツダＭＰ

Vで関越自動車道を群馬県方面へとひた走ることにしていた。前日の深夜に帰宅した宿澤は、朝四時半に起床し、自宅の最寄駅・馬込から都営浅草線で新橋に出ると、そこからJRに乗り換えたと思われる。黒塗りのハイヤーやタクシーを使用しなければ移動できないような専務ではなかった。

定刻、淵岡が北浦和駅前に着くと、小さなリュックを背負った宿澤が、煙草を喫いながら立っていた。待ちかねていたのか「遅ぇよ」と声をあげ、にっと笑う。

メンバー十一名は三台のクルマに分乗して鈴ヶ岳の八合目へとむかい、午前九時、鮮やかに咲き誇る山ツツジを愛で、野鳥のさえずりを聴きながら歩きはじめた。

「宿澤さんからすると初対面のメンバーがほとんどのなかで、それでも宿澤さんらしく、先頭をきって歩いていたのですよ」

と淵岡は言う。他人より後れをとるのを嫌ってのことであろう。胸突き八丁を越えて、十時半には山頂に到着した。小さな石碑がいくつか建つ場所に腰をおろして、早目の昼食をとることにした。もともと汗かきの宿澤は汗まみれになったシャツを取り替えると「ちょっと苦しいから」と言って、横たわる。体調がわるかったようだが、そのような弱みを他人に見せまいとするのが宿澤でもある。

十一時半、山頂が登山者で混雑しはじめたこともあって、下山することになった。

このあとは麓（ふもと）にある温泉に立ち寄る予定になっていた。

「降りましょうか」

淵岡が声をかけると、

「あ、いいよ」

と宿澤は言う。これが最期の言葉であった。

ふたたびリュックを背負い、ほんの二、三歩ほど歩いたところで、宿澤は倒れた。

「シャツ」と「にぎり飯」

淵岡彰が山頂から携帯電話をかけて救急車を呼ぼうとしたが、救急隊員たちも途中から登山者と同様に山道を突きすすまねばならず、それよりも救急ヘリコプターをたのむのが早いと教えられた。その間、ほかの登山グループのなかに救急処置の心得がある女性がいて、宿澤に心臓マッサージなどをほどこしていた。電気ショックにより心臓を蘇生させるＡＥＤ（自動体外式除細動器）がない山頂で倒れたのが不運であった。

約三十分後、救急ヘリが山頂の上空を舞い、宿澤の身体を吊りあげる。このときすでに心臓は停止していた。

山頂で搬送を見届けたあと、淵岡が宿澤家に電話をかけると、すかさず妻・洋子の明るい声が返ってきた。

「淵岡さん、ありがとうございます。今朝、宿澤はよろこんで出かけていったのですよ」

事態を伝えるのが淵岡には辛くてならない。

「じつは、宿澤さんが山頂で倒れられまして、いま前橋にある群馬大学の医学部附属病院に救急ヘリで運ばれています。私もそちらへむかいます。すぐ、おこしくださるよう、お願いします」

病院における最新療法による蘇生に望みをかけていたこともあって、淵岡は心臓停止を洋子に伝えなかった。洋子は二人の息子や宿澤の実姉に連絡をして、高崎へむかう新幹線にひとり飛び乗った。

午後一時半、病院に到着した淵岡は、医師から言われた。

「あらゆる手を尽くしましたが、残念ながら、まにあいませんでした」

死因は心筋梗塞。享年五十五。

淵岡は宿澤の死を洋子に伝えるのがつらく、躊躇していると、新幹線から「どうですか」と問いかける洋子の電話があった。

「お亡くなりになられました」

と万感の思いを込めて告げた。

リュックのなかには汗をたっぷり吸いこんで重くなったシャツと、タオルなど日帰り温泉の用具、そしてにぎり飯が手つかずのまま残っていた。

エピローグ

真っ赤な薔薇を抱いて

幸運の場合にせよ不運の場合にせよ、不安の原因は決して滅ぶことはない。人生は多忙のなかを駆り立てられていくであろう。暇は決して実現せず、常に願望に留まるであろう。

セネカ『人生の短さについて』

宿澤広朗には、孤独の影がつきまとっていた。

宿澤が親しかったラグビーや職場の仲間はだれだったのかと姉・由美子に問いかけると、しばらく黙考して、

「……弟に親しい友人がいたかどうか、思いうかばないのですよ」

とつぶやくように言っていた。

三井住友銀行で宿澤と親しいと言われていた部長職も「たしかに懐に飛びこんでくる部下は可愛がっていたようですが、どこまで胸襟をひらいていたことか……」と語っていた。

宿澤広朗を取材すればするほど、どことなく胸の内をとざした姿が浮かびあがってくる。仲間たちと騒ぎ、ふざけあっていても、いつのころからか〝宿澤広朗〟を演じていたのではなかったのか。

この私の思いを平尾誠二に伝えると、同意するように言う。

「やはり、宿澤さんは孤独だったのではないでしょうか。好かれているとか、好かれていないとかではなく、だれにもたよれない立場にいたと思います。私もジャパンの代表監督になって、痛感したことがあります。最後に決断するのは自分しかなく、それも皆が賛成していることではないですからね。それをきっかけに昔から仲のいいの

が離れていくし、中傷の声も聞こえてきます。それは仕方のないことですが、寂しいことでもありますね。宿澤さんはラグビーだけじゃなく、銀行員のリーダーとしても、そういう思いを抱くことがあったのではないでしょうか」

宿澤が自身に潜む弱さをさらけ出せる友人は、ごくわずかしかいなかった。その一人を前にして、

「ときどきどうしようもなく寂しくなるよ……」

と語ったことがあった。

「人恋しくなる?」

「そうじゃない。うまく言えないのだが……」

どのような寂しさなのか。

「あのときに似てるかな……」

宿澤は友人に自分の気持ちを少しでも正確に伝えようとして、その昔、中学生時代の失恋を明かした。この体験についてはすでに第二章で述べたが、それに似た寂しさがさざ波のように押し寄せてくるという。

ラガーとしても銀行家(バンカー)としても、宿澤は最高峰に登りつめようとしていた。しかしラグビー改革の夢は、見果てぬ夢となった。銀行においても周囲から順風満帆である

かのように見られていたが、本人にしてみれば、意外に思ったり、戸惑ったりする異動もあった。それでも適応につとめ、それなりに成果をあげたものの、思いどおりに十全にやってのけたという気持ちにはなれなかったようである。それでも周囲は強運の男であると見ており、声なき怨嗟の声も感じていた。

宿澤は薔薇の花が好きだった。それも真っ赤な薔薇をこよなく愛し、自分の気持ちを浮きたたせていた。独身時代は数多くの女性たちとつきあい、ロンドン時代は真っ赤なスポーツカーに乗り、ブランド品を好み、大黒摩季のライブにもなんばグランド花月の吉本新喜劇にも出かけていった。これら華やかな装いもまた、気持ちを弾ませる真っ赤な薔薇の花であった。

自分に潜む弱さを知るがゆえに、凝っとしていることができず、つねに全力疾走をして熱く闘いつづけなければならない男であった。

死後、すでに入稿してあった宿澤広朗の原稿が『早稲田学報』（平成十八年八月号）に掲載された。この絶筆においても、リーダー育成にこだわりつづけていた。

《現在の早稲田ラグビーは、どちらかと言うと、米国のカレッジ・スポーツに近い。（中略）早稲田スポーツの目指すべき理念は、英国の大学と同様、スポーツを通じて各界のリーダーを育てることにあるべきだ。（中略）早稲田スポーツは強いだけではダメだ。つねに理念を意識して継承していかなければならないと考えている》スポーツ活動により自分は従来の経営トップとは異なるリーダーとして養成されたという自負が宿澤にあるからこそ書けた文章である。

平成十九年四月二日、三井住友銀行の入行式において、頭取・奥正之は、異例ともいえる故人を語るスピーチをおこなった。

「昨年六月、山登りの途中で急逝された当行の宿澤広朗元専務は、一流の〝銀行マン〟であることはもちろんのこと、ジャパン代表監督として、またワールドカップラグビーで日本に唯一の勝利をもたらした〝ラガーマン〟として、まさに二足のわらじをみごとに履きこなした人物です」

奥からすると宿澤広朗は銀行員の誇りでもあったのだろう。

いま、天国で、宿澤広朗はなにをしているのか。スクラムハーフとしてすでにラグビークラブに所属しているであろうし、真っ赤な薔薇の花を何本も手にして、胸をときめかせていることであろう。

そしてにっと笑い、こうつぶやく。「もう、急ぐこともないなぁ……」と。

あとがき

ノンフィクションの書き手を志したときから、人びとの仕事を微細に描き、時代に翻弄されまいとする人びとの葛藤や闘いを執筆テーマのひとつにしてきた。宿澤広朗の人物ノンフィクションもその一環として取りくんだ。

しかしラガーとしても銀行員としても、立派すぎるほどの業績をあげ、少しでも時間があればゴロ寝をしたいと思うような私とは対極にあって、精力的に二兎を追った人物である。怠惰に生きてきた私が、この人物について取材をして執筆すれば、いまさらながら無力感に浸るだけではないのかという思いがつきまとった。第三者である私が宿澤という人物を描くということは、そこに自分の実感として理解できる一面をさぐり当て、食いつき、こだわっていくしかないと思いつつ、資料を読み、取材をはじめたものの、その一面がなかなか見つからない。あまりにも相違がありすぎて、当初は投げだしかけたことも再三あった。

あるとき銀行の部下だった中間管理職が、銀行の内外においてあれほど交友関係を広げながら宿澤広朗は「孤独」だったのではないかという感慨をふっともらした。この言葉が私なりに宿澤をうけとめるヒントになった。

私自身、著述を職業にしたことによって、好むと好まざるとにかかわらず、恃（たの）みとするのは自分しかいないと思う状況を、数えきれないほどくぐり抜けてきた。なにを信じればいいのかという自問自答を繰りかえし、非才ながらも自分の能力しかないと言い聞かせることが何度もあった。

華麗なるラグビー人脈に囲まれ、銀行という大組織に支えられながら、宿澤広朗にも恃みとするのは自分しかいないという思いがつきまとったのではなかったのか。だからこそ、その身近にいた中間管理職から「孤独」という言葉がこぼれたのではなかったのか。私が宿澤にこだわるとすれば、この点にしかないと思われた。

さらに取材をすすめると、ラグビーにおいても銀行においても、この小さな巨人の胸の奥底にある思いや全体像を知る人たちが意外に少ないこともわかってきた。その交友は断片的でしかなく、宿澤も自分をさらけ出しているようで、そうではなかった。銀行員として、具体的にどのような仕事をこなしたかについても、銀行内の秘密厳守もあって、外部にもらされる情報は皆無に近い。銀行の取引先にも取材を申しこみ、私は断片を拾いあつめて組みあげ、なるほどこういうことであったかと、ジグソーパズルを完成させるように、ともあれその絵柄が明確に浮かびあがるまで取材をつづけることにした。

宿澤広朗は、団塊世代につづく世代として、いちはやく銀行という巨大組織の頂点に立つ寸前にまでいった。それまで私が知る大企業の経営者といえば、戦場や銃後の体験であれ、戦後の苦難の記憶であれ、戦争がもたらしたさまざまな影響をうけて、それを社会的な活動のばねにしてきた。だが宿澤の世代に戦争は影を落としてない。各種アンケートで人生最大のドラマや決断を問えば「進学」「就職」「恋愛」「結婚」そして「昇進昇格」「降格」「リストラ」……といった答えが返ってくる新世代である。いったいなにが宿澤広朗の奮闘のばねになっているのか。そのことについても私は興味があった。

晩年まで二足のわらじを履き、つねに正攻法で闘いつづけてきたことには眼を瞠る。全力疾走をしていなければ自分は失速すると妻に告げたように、自分の脆さも自覚していた。目だってはならず、みずから個性を殺すようにして仕事をしなければならないような銀行という組織において、宿澤広朗は〝個〟に立ち返って自分の流儀で仕事をし、リーダー候補の部下にもそうすることを求めた。これらの逸話の数々が物語っているのは、大組織に呑みこまれまいとする潜在的なあがきではなかったのか。

バブル経済の崩壊後、私たちがマスコミ報道を通じて知らされてきた銀行幹部の姿といえば、世間から指弾されても無為無策を恥じることがないような態度がうかがえたり、それしか拠りどころがないかのようにエリート意識を丸出しにしたりという、けっして誉められた姿ではなかった。宿澤の個性は、そうした胡乱(うろん)な〝敗軍の将〟になることを嫌い、明快に仕事をすすめていこうとした。だからこそ本書で詳述したように市場営業部門で不良債権処理の原資を稼ぎだし、さらには「課題解決型ビジネス」において銀行の将来の活路を見いだそうとしたのである。それは「孤独」な作業でもあった。

そして、これまでとは異なる銀行家(バンカー)として采配をふるおうとした矢先、突然ノーサイドの笛が鳴ったのである。

宿澤広朗はどのような銀行を構想していたのか。はっきりしているのは、時代を読み、それまでに培ったリーダーシップを発揮して、どこまでも正攻法で突きすすんでいったであろうということである。

本書は月刊『現代』の連載(二〇〇七年一月号〜四月号)に大幅に加筆したもので

ある。取材に協力してくださったみなさんにお礼を申しあげたい。宿澤広朗というリーダーシップが血肉化した人物および栄光を背にしたラガーたちを取材することによって、ラグビーというスポーツの素晴らしさをあらためて教えられたと私は思っている。時代に立ちむかい、明日の銀行を追い求める何人かの銀行員に出会えたことも心づよく思う。本書に登場された方々の肩書は取材時のものであり、文中の敬称は略させていただいた。宿澤広朗は、ラガーとしては「宿沢」、銀行員としては「宿澤」と、名字を使いわけていたが、銀行員としての仕事を描きたいという私の思いが強くあって「宿澤」とさせてもらった。

執筆および出版の機会をあたえてくださった講談社学芸局長の矢吹俊吉氏、第一編集局長の渡瀬昌彦氏、月刊『現代』編集長の高橋明男氏、学芸図書出版部長の小沢一郎氏に感謝いたします。『現代』編集部の吉田仁氏は取材に同行して、五里霧中の状態にある私に辛抱づよくつきあい、頓挫しかけたときには支え、上手く背中を押してくださった。吉田氏の協力と励ましがなければ、いまだに霧のなかにいたかもしれない。ラグビー関係者の取材には小峰敦子さんの多大な尽力をいただいた。単行本化にあたっては浅川継人氏の鋭い指摘があり、校閲部のスタッフが事細かに検証をしてくださった。本書の表紙写真の使用を快諾していただいた写真家の立木義浩氏にもお礼を申しあげたい。

こうして大勢の方々の力添えがあって、本書は上梓にこぎつけた。みなさん、ありがとうございました。

二〇〇七年五月

加藤　仁

取材協力者（五十音順・敬称略）

池田孝夫　石塚武生　伊藤芳明　岩本悦男　上田明　上田昭夫　江川哲雄　大塚守男
岡部芳郎　奥正之　奥山俊一　香川彰男　柏修一郎　柏英樹　金井律夫　神田武夫
川上徹也　木村朋成　北山裕昭　倉本博光　合田勝彦　斉藤誠　坂元俊英　笹田学
重崎高至　柴田由美子　清水喜彦　渋谷邦子　宿澤孝太　宿澤洋子　宿澤悠介　高杉哲夫
高橋精一郎　立花陽三　田原洋公　中村康司　中村金郎　長尾誠　西川善文　根本剛
林勝己　日比野弘　平尾誠二　平石貴久　廣田耕平　淵岡彰　星忠義　堀越正巳　真下昇
松本弘子　三木征一郎　水田弘貴　宮垣直也　森重隆　山中龍夫

このほか匿名を条件に取材に応じてくださった方々が数多くいます。

主要参考文献

『住友銀行百年史』住友銀行行史編纂委員会編（一九九八年　住友銀行）
『外国為替の話―第二版―』足立禎（一九八八年　東洋経済新報社）
『銀行員のディーリング知識』銀行研修社（一九八四年　銀行研修社）
『ロンバード街』ウォルター・バジョット／宇野弘蔵訳（一九四八年　岩波文庫）
『ディーリングルーム25時』加藤仁（一九九三年　講談社文庫）
『銀行が喰いつくされた日』共同通信社社会部（二〇〇三年　講談社＋α文庫）
『銀行にだまされるな！　三大メガバンクの内幕』須田慎一郎（二〇〇五年　新潮社）
『大銀行　黄金の世紀　男たちの闘い』大塚将司（二〇〇四年　講談社）
『お笑い　銀行さいごの日』横田濱夫／テリー伊藤（二〇〇一年　角川文庫）
『住友銀行支店長の告白』山下彰則（一九九五年　あっぷる出版社）
『団塊諸君　山もいいぞ』大野剛義（二〇〇五年　日本経済新聞社）
『金儲け、素人がやっていいこと、わるいこと』香川彰男（二〇〇二年　主婦の友社）
『竹中プランのすべて』木村剛（二〇〇三年　アスキー・コミュニケーションズ）
『中村邦夫「幸之助神話」を壊した男』森一夫（二〇〇六年　日経ビジネス人文庫）

※

『ＴＥＳＴ　ＭＡＴＣＨ』宿澤広朗（一九九一年　講談社）
『日本ラグビー復興計画』宿澤広朗／永田洋光（二〇〇二年　ＴＢＳブリタニカ）
『勝者のシステム』平尾誠二（一九九六年　講談社）
『ありがとう東伏見』早稲田大学Ｒ．Ｏ．Ｂ．倶楽部（二〇〇二年　ベースボール・マガジン社）
『最強の早稲田ラグビー』清宮克幸（二〇〇四年　講談社＋α文庫）
『ザ・ワールドラグビー』大友信彦（二〇〇三年　新潮社）
『ラグビー』日比野弘（一九八六年　ベースボール・マガジン社）
『すぐわかるラグビー』上田昭夫（二〇〇六年　成美堂出版）
『王者の復活』上田昭夫（一九九九年　講談社）
『ラグビー荒ぶる魂』大西鉄之祐（一九八八年　岩波新書）
『早稲田ラグビー名勝負物語』沼尻勉（一九九八年　講談社）
『最強のコーチング』清宮克幸（二〇〇六年　講談社＋α新書）
『栄光のノーサイド―日本ラグビー、三つの死闘―』馬場信浩（一九八四年　文藝春秋）

※

『虞美人草』夏目漱石（一九五〇年　岩波文庫）
『痴愚神礼讃』エラスムス／渡辺一夫訳（一九五四年　岩波文庫）
『岩崎彌太郎傳』岩崎家傳記刊行会編（一九七九年　東京大学出版会）
『筑摩世界文学大系16　シェイクスピアⅠ』中野好夫他訳（一九七二年　筑摩書房）
『ロマン・ロランの言葉と思想』新村猛編（一九六六年　講談社現代新書）
『人間の集団について』司馬遼太郎（一九七四年　中公文庫）
『こころの処方箋』河合隼雄（一九九八年　新潮文庫）
『うらおもて人生録』色川武大（一九八四年　毎日新聞社）
『人生の短さについて　他二篇』セネカ／茂手木元蔵訳（一九八〇年　岩波文庫）
『世界名言大辞典』梶山健編（一九九七年　明治書院）
『日本名言名句の辞典』平岡敏夫／谷脇理史／雲英末雄編（一九八七年　小学館）
他多数

このほか新聞・雑誌記事については、随時参考にさせていただきました。資料検索、閲覧等にご協力をいただいた麗澤大学図書館のみなさんに感謝いたします。

解説　孤高の人

林　敏之

二〇一五年九月、第八回ラグビーワールドカップ・グループB開幕戦において、日本代表は、過去二大会に優勝しこの大会でも三位になった南アフリカ代表（スプリングボクス）に、三四―三二で勝利するという歴史的快挙を成し遂げた。ワールドカップにおける勝利は、宿澤広朗氏が日本代表を率いた第二回大会のジンバブエ戦以来二十四年ぶりのことである。三勝一敗で大会を終えた日本代表は、歓喜に沸きかえるファンに迎えられた。二十六年前の「あの日」のように……。

私は同志社大学の三年時に日本代表に選出されて以来、十三年間日本代表のロックとして桜のジャージと共に世界と戦ってきた。宿澤氏とのご縁のきっかけは、本書の第一章「伝説の男」に記されている一九八九年のスコットランド戦（秩父宮ラグビー場）である。

日本代表監督に就任したばかりの宿澤氏は、試合前の記者会見で「スコットランドは攻撃的なチームだが、第二線のディフェンスが甘い。失点を二十点に抑えれば必ず勝てる」と宣言した。それまで善戦はしても勝てなかった日本代表の監督が、世界の八強を相手に試合前に「勝てる」と宣言したことで話題を呼んだ。小柄でシャイな第一印象とは異なり、なんとも大胆な発言ではないか。これが「宿澤マジック」の始まりである。もっとも彼に言わせれば、マジックなどではなく高い情報収集能力と分析力を活かした戦略・戦術眼によるものということなのだろう。メディアを通した「勝利宣言」は、自身の可能性に懸けた宿澤ジャパンのチャレンジの表明でもあったはずだ。おかげでファンも含めてチームに一体感が生まれた。

あのときの日本代表はそれほど得点力のあるチームではなかったから、「失点を抑える」という考え方をされたのではないか。理由はどうあれ、試合前に具体的な数字を示せたのは、さまざまな条件から分析し、彼我の差を的確に把握していたからだと思われる。当時の日本代表監督で「失点を二十点に抑えれば勝てる」と具体的な数字を使ったのは、おそらく宿澤氏が初めてではなかったかと記憶している。

また、選手選考に関して尋ねたことがあったが「それぞれのポジションでベストメンバーを選ぶのではなく、二、三人は、このプレーだけは世界に通用するという強みを持っている選手を選んだ」と宿澤流選手起用とも取れる理由が返ってきた。「失点を二十点に抑えれば勝てる」と判断したことから、チームのディフェンス力を強化するため、タックルに抜きんでた強みを持つ選手がメンバーに選ばれていた。

試合の具体的な戦略、戦術については記憶に残っていないが、何か特別な指導法があったわけではなかった。来日したスコットランドは、ブリティッシュライオンズ（全英国代表）のツアーと重なり主力の数名が不在でベストメンバーではなかったものの、日本ラグビー界にとっては、聖地秩父宮ラグビー場で世界の八強に挑戦するという晴れの舞台だったことに変わりはない。

結果は本書にある通り、歴史的な大勝利となった。そして「お約束どおり勝ちました」という、かの有名な第一声が生まれた。ファンも関係者も、あの場にいた誰もが待ち望んでいた勝利であり、宿澤ジャパンが歓迎されていることを実感した。

秩父宮ラグビー場で行われた日本代表戦で、過去あれほど歓喜に沸いた試合があっただろうか、と記憶に問いかけてみても脳裏にその映像が浮かんでこない。私自身は、ベストプレーとは言えない出来だったものの、敵陣深く攻め込んだラインアウトからトライをあげ、勝利に貢献できたという思いがあった。しかし、一九八六年の日本代表英国遠征での対戦経験から、あの日のスコットランドには少々物足りなさを感じていたのも事実である。

ところが、試合後ロッカールームを出ると大喜びしているファンに「サインを下さい！」と囲まれた。嬉しくなって「よっしゃ、今日は全員にサインするぞ」と書いていると、知らぬ間にひとり取り残され、他の選手たちはアフターマッチファンクション（試合後の交流会）に向かうバスの中で私が来るのを待っていた。痺れを切らした宿澤氏が走り寄って来て、「おい林！　早くバスに乗れよ」と、その小さな体に引っ張って行かれたのを覚えている。

その翌年、オックスフォード大学に留学中の私は、第二回ラグビーワールドカップのアジア・オセアニア予選に出場するため再び日本代表に招聘された。参加国は西サモア（現サモア）、トンガ、韓国、日本の四チームである。その中の上位二チームがワールドカップ本戦への出場権を獲得できる。

私は肉離れを起こしていたが、トンガ戦に向け調整を図っていた。そこへ、怪我の状態を心配した日本ラグビーフットボール協会の白井善三郎強化委員長（後の専務理事）が「そんな怪我でできるのか、出ない方がいいんじゃないか」と声を掛けてきた。私は「大丈夫、出ます」と答え、何度か止められたのを強硬に押し切って出場した。宿澤氏はそんな私を信頼し「一発勝負に懸ける」と後押しをしてくれた。

後に宿澤氏が書いた『TEST MATCH』(講談社)という本の中に、「林が怪我にもかかわらずトンガ戦の出場に固執し、韓国戦ではあっさりメンバーを降りた。それはなぜなのか、いつか聞いてみたい」と書かれていたが、それは、トンガ戦が勝負どころであり、トンガに勝てばワールドカップの出場権が獲得できると考えていたからだ。そのためにオックスフォードから帰って来たのだから、出ない訳にはいかない。それが私のトンガ戦へのこだわりだった。

いつの日か酒でも酌み交わしながら「名将宿澤広朗ならば、あの試合に懸けた私の気持ちを理解してくれると思っていましたよ」とお伝えしたいと思っていた。負けず嫌いな宿澤氏は、そんな私になんと答えてくれたのだろうか。期せずして本稿がその機会になってしまったことが残念でならない。

アジア・オセアニア予選でトンガと韓国に勝利し、第二回ワールドカップに出場した日本代表は、スコットランドとアイルランドには敗れ、最終戦となるアフリカ地区代表のジンバブエ戦でワールドカップ初勝利を挙げた。

宿澤氏はこの組み合わせから鑑み、当初からアフリカ地区代表戦に照準を絞っていた。過去の日本代表監督が事前に対戦国を視察することなどなかった時代にあって、宿澤氏はワールドカップ・アフリカ地区予選の最終戦を視察した。遠隔地のため飛行機を乗り継ぎ、一泊四日の強行軍だったと後になって聞かされた。

宿澤氏はアマチュアでありながらも勝利のためにやるべきことを積み重ねる人だった。現在の日本代表のように年間一六〇日も選手を拘束することはできないまでも、直接その目で見て、相手を知ったうえで戦いに臨みたかったのだろう。決してラグビーの強豪国ではなかったが、勝利のために事前に得られる情報は得て、可能な限り戦略、戦術に落とし込んでいった。事前にどれほどの時間を費やしていたのか選手たちは知る由もなかったが、宿澤氏はできることを一つひとつ丹念に積み重ねていたのだ。それがジンバブエ戦の勝利となって表れた。

宿澤氏らしさというのは、戦い方を知っていたということだ。事前に得た情報に基づき、日本代表は「こういう戦い方をする」という仮説を立てて勝利を目指した人で、「チーム作りは絶対にダッチロールしない」と語っているのを聞いた。

第二回ワールドカップの頃の私は、長年の膝の不調で思うようなプレーができず、試合出場を目指して懸命にリハビリに励んでいた時期でもあった。大好きな酒もやめて、減量に成功し徐々に調子が戻ってきたところへ、「おい林、フォワードリーダーをやってくれよ」と宿澤氏から声を掛けられた。長年の経験から、自分なりにピークの持って行き方は心得ていたつもりだ。そこへ宿澤氏からのリーダー要請である。私の体の戻り具合に応じて声を掛けるタイミングが絶妙なのだ。選手のことをよく見ている人だと思うと同時に、選手として心底信頼されていると感じた。そんなところが監督としての宿澤氏に対する信頼感に繋がっていったのだろう。

信頼されているということでは、もう一つエピソードがある。私の所属する神戸製鋼がV5を目指していたシーズン中のことだ。私がメンバーから外れていたので宿澤氏が「なぜ、神戸製鋼は林を使わないのか？」と語っていると、メディアを通して伝わってきた。そのシーズンの決勝戦で私のプレーを観た宿澤氏が「林は凄いな。この歳になってこんなプレーが出来るなんて」と感心した、という内容の記事も書かれたことがあった。

私にしてみれば「準備はできている。いつでもできるぜ」と言いたいところだったが、宿澤氏が常に怪我や体調のことを気にかけて見ていてくれたことが嬉しかった。

ここまで記した通り私と宿澤氏の関係は、監督と選手という言葉に尽きる。宿澤氏が日本代表監督であった時期と私がオックスフォード大学へ留学していた時期が重なっていることも要因のひとつだが、あまりにも接点が限られていたため、監督業を離れた人間・宿澤広朗としての面を知ることはできなかった。しかし、監督と選手で立場は違えども、ラグビーという道を志した者同士の強い繋がりを感じていた。

宿澤氏がいまもご健在ならば、日本代表を強化するためトップリーグのあり方や、プロ化への本格的な取り組み、ユースの強化などで手腕を振るっていたことだろう。その一方で、三井住友銀行で経営トップに立った後、会長として日本ラグビーフットボール協会に戻り、大鉈を振るうつもりだったのではないかとも思えてくる。中途半端なことが嫌いな人だから、ダッチロールすることなく大改革を推し進め、日本のラグビーを新時代に連れて行ってくれたことだろう。

本書の「運を支配した男」というタイトルにあるように宿澤氏は強い「運」を持っている人だった。歴史的勝利を挙げた一九八九年のスコットランド戦にしても、ブリティッシュライオンズのツアーと重なっていたこと、五月下旬という蒸し暑い季節であったこと、全て日本代表にとってプラスの要素ばかりだ。やはりリーダーというのは強運の持ち主でなければならない。

しかし、宿澤氏の持つ「運」とは、生まれつき定められたものではないだろう。試合で勝つために周到に準備を重ねたように、全てにおいて、その高い情報収集能力と分析力を活かして仮説を立て、戦略・戦術を練り抜き、独自のスタイルで道を切り拓いていった結果、周囲からは「運を支配した」ように見えたのだ。

神戸で行われた日本胸部外科学会のラガーマンの集まりにゲストで呼ばれたところ、奇しくも宿澤氏の長男、孝太氏とお会いした。そんな邂逅があったばかりの折、本書の解説の依頼を受けた。私の五十五歳という年齢と重ね合わせながら本書を改めて読ませていただいた。

人生とは、運命と因果応報の織り成したもので、それぞれの人生は四季に彩られている。宿澤氏の五十五年の生涯は、短くもその四季を美しく全うされていったに違いない。著者の加藤仁氏は「孤独」と彼の生涯を表現したが、私は「孤高」の人だったとして本稿を締めたい。

（第一回ワールドカップ日本代表キャプテン・NPO法人ヒーローズ会長）

加藤 仁―1947年、愛知県生まれ。1972年早稲田大学政治経済学部卒業。出版社勤務を経て、ノンフィクション作家として独立。以来、評伝、ルポルタージュなどを手がけ、3000人以上の定年退職者に取材するなど、生活者の視点から取材執筆活動を続けた。2009年死去。著書に『定年後の居場所を創る』(中央公論新社)、『定年後』(岩波新書)、『定年後の8万時間に挑む』(文春新書)、『社長の椅子が泣いている』『定年からの旅行術』(ともに講談社)など。

講談社+α文庫 宿澤広朗 運を支配した男

加藤 仁

2016年1月20日第1刷発行
2019年9月17日第4刷発行

発行者――――渡瀬昌彦
発行所――――株式会社 講談社
東京都文京区音羽2-12-21 〒112-8001
電話 編集(03)5395-3522
販売(03)5395-4415
業務(03)5395-3615

デザイン――――鈴木成一デザイン室
カバー印刷――凸版印刷株式会社
印刷――――株式会社新藤慶昌堂
製本――――株式会社国宝社

落丁本・乱丁本は購入書店名を明記のうえ、小社業務あてにお送りください。
送料は小社負担にてお取り替えします。
なお、この本の内容についてのお問い合わせは
第一事業局企画部「+α文庫」あてにお願いいたします。
Printed in Japan ISBN978-4-06-281644-1
定価はカバーに表示してあります。

講談社+α文庫 Ⓖビジネス・ノンフィクション

書名	著者	内容	価格	番号
できる人はなぜ「情報」を捨てるのか	奥野宣之	50万部大ヒット『情報は1冊のノートにまとめなさい』シリーズの著者が説く取捨選択の極意！	686円	G 240-1
憂鬱でなければ、仕事じゃない	見城徹 藤田晋	日本中の働く人必読！「憂鬱」を「希望」に変える福音の書	650円	G 241-1
絶望しきって死ぬために、今を熱狂して生きろ	見城徹 藤田晋	熱狂だけが成功を生む！ 二人のカリスマの生き方そのものが投影された珠玉の言葉	650円	G 241-2
新装版「エンタメの夜明け」 ディズニーランドが日本に来た日	馬場康夫	東京ディズニーランドはいかに誕生したか。したたかでウイットに富んだビジネスマンの物語	700円	G 242-2
箱根駅伝 勝利の方程式 7人の監督が語るドラマの裏側	生島淳	勝敗を決めるのは監督次第。選手の育て方、10人を選ぶ方法、作戦の立て方とは？	700円	G 243-1
箱根駅伝 勝利の名言 監督と選手34人、50の言葉	生島淳	テレビの裏側にある走りを通しての人生。「箱根だけはごまかしが利かない」大八木監督（駒大）	720円	G 243-2
うまくいく人はいつも交渉上手	齋藤孝 射手矢好雄	ビジネスでも日常生活でも役立つ！ 相手も自分も満足する結果が得られる一流の「交渉術」	690円	G 244-1
ビジネスマナーの「なんで？」がわかる本 新社会人の常識 50問50答	山田千穂子	挨拶の仕方、言葉遣い、名刺交換、電話応対、上司との接し方など、マナーの疑問にズバリ回答！	580円	G 245-1
「結果を出す人」のほめ方の極意	谷口祥子	部下が伸びる、上司に信頼される、取引先に気に入られる！ 成功の秘訣はほめ方にあり！	670円	G 246-1
伝説の外資トップが教えるコミュニケーションの教科書	新将命	根回し、会議、人脈作り、交渉など、あらゆる局面で役立つ話し方、聴き方の極意！	700円	G 248-1

＊印は書き下ろし・オリジナル作品

表示価格はすべて本体価格（税別）です。本体価格は変更することがあります

講談社+α文庫 Ⓖビジネス・ノンフィクション

しんがり 山一證券 最後の12人　清武英利
'97年、山一證券の破綻時に最後まで闘った社員たちの物語。講談社ノンフィクション賞受賞作　900円 G 258-1

日本をダメにしたB層の研究　適菜収
いつから日本はこんなにダメになったのか? ——「騙され続けるB層」の解体新書　630円 G 259-1

Steve Jobs スティーブ・ジョブズ I　ウォルター・アイザックソン 井口耕二 訳
あの公式伝記が文庫版に。第1巻は幼少期、アップル創設と追放、ピクサーでの日々を描く　850円 G 260-1

Steve Jobs スティーブ・ジョブズ II　ウォルター・アイザックソン 井口耕二 訳
アップルの復活、iPhoneやiPadの誕生、最期の日々を描いた終章も新たに収録　850円 G 260-2

ソトニ 警視庁公安部外事二課 シリーズ1 背乗り(はいのり)　竹内明
狡猾な中国工作員と迎え撃つ公安捜査チームの死闘。国際諜報戦の全貌を描くミステリ　800円 G 261-1

完全秘匿 警察庁長官狙撃事件　竹内明
初動捜査の失敗、刑事・公安の対立、日本警察史上最悪の失態はかくして起こった!　880円 G 261-2

モチベーション3・0 持続する「やる気!(ドライブ!)」をいかに引き出すか　ダニエル・ピンク 大前研一 訳
人生を高める新発想は、自発的な動機づけ! 組織を、人を動かす新感覚ビジネス理論　820円 G 263-1

ネットと愛国　安田浩一
現代が生んだレイシスト集団の実態に迫る。反ヘイト運動が隆盛する契機となった名作　900円 G 264-1

モンスター 尼崎連続殺人事件の真実　一橋文哉
自殺した主犯・角田美代子が遺したノートに綴られた衝撃の真実が明かす「事件の全貌」　720円 G 265-1

アメリカは日本経済の復活を知っている　浜田宏一
ノーベル賞に最も近い経済学の巨人が辿り着いた真理! 20万部のベストセラーが文庫に　720円 G 267-1

*印は書き下ろし・オリジナル作品
表示価格はすべて本体価格(税別)です。本体価格は変更することがあります